Gente en su sitio

Gente en su sitio

Quino

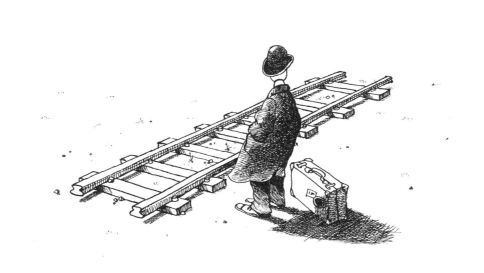

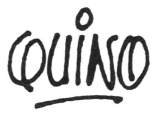

Lumen

Papel certificado por el Forest Stewardship Council®

MIXTO
Papel | Apoyando la silvicultura responsable
FSC® C117695

Penguin Random House Grupo Editorial

Primera edición con este formato: julio de 2024

Travessera de Gràcia, 47-49. 08021 Barcelona

Printed in Spain – Impreso en España

ISBN: 978-84-264-3114-1
Depósito legal: B-9155-2024

Compuesto en M. I. Maquetación, S. L.
Impreso en Índice, S. L., Barcelona

H 4 3 1 1 4 1

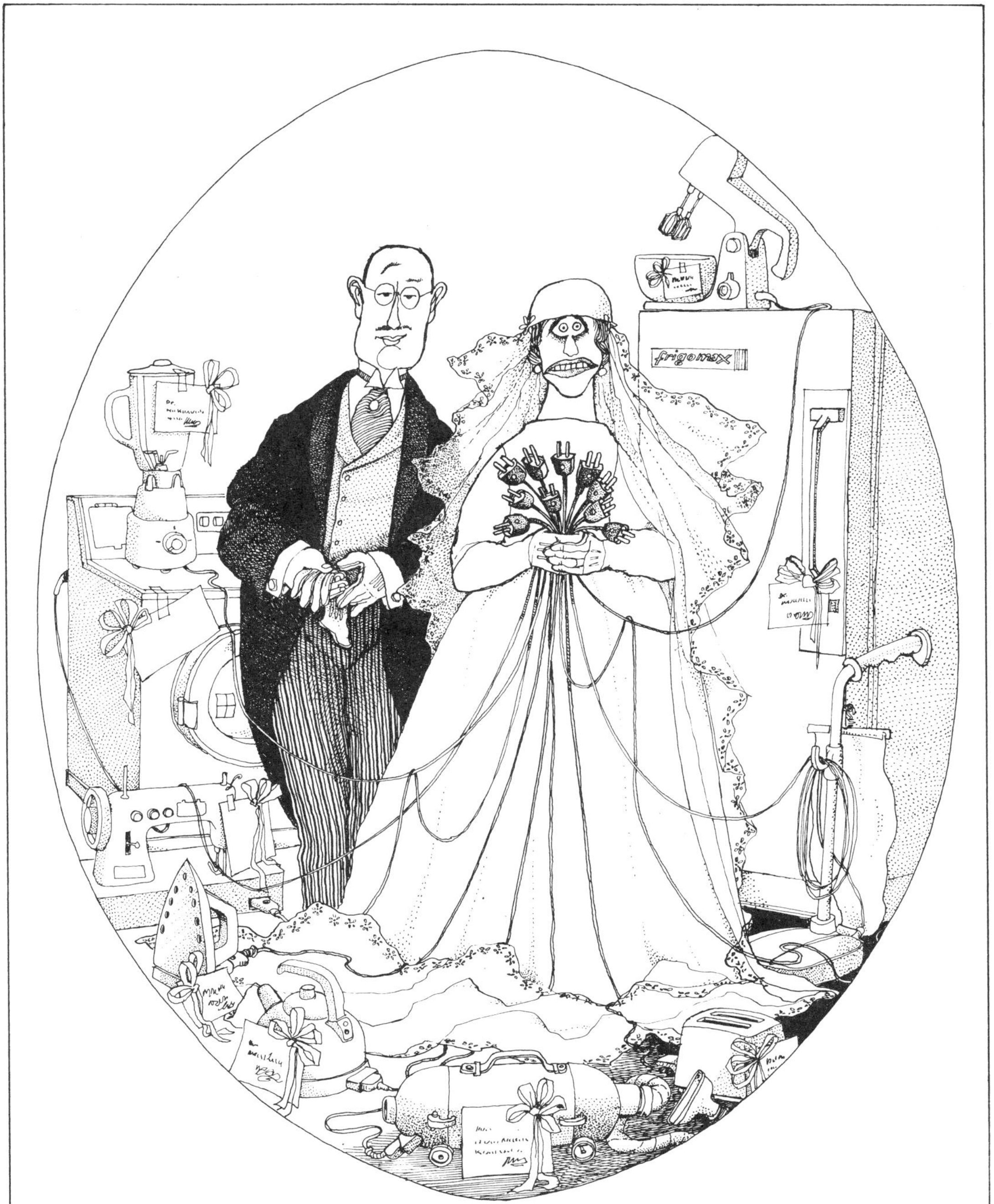
frigomax

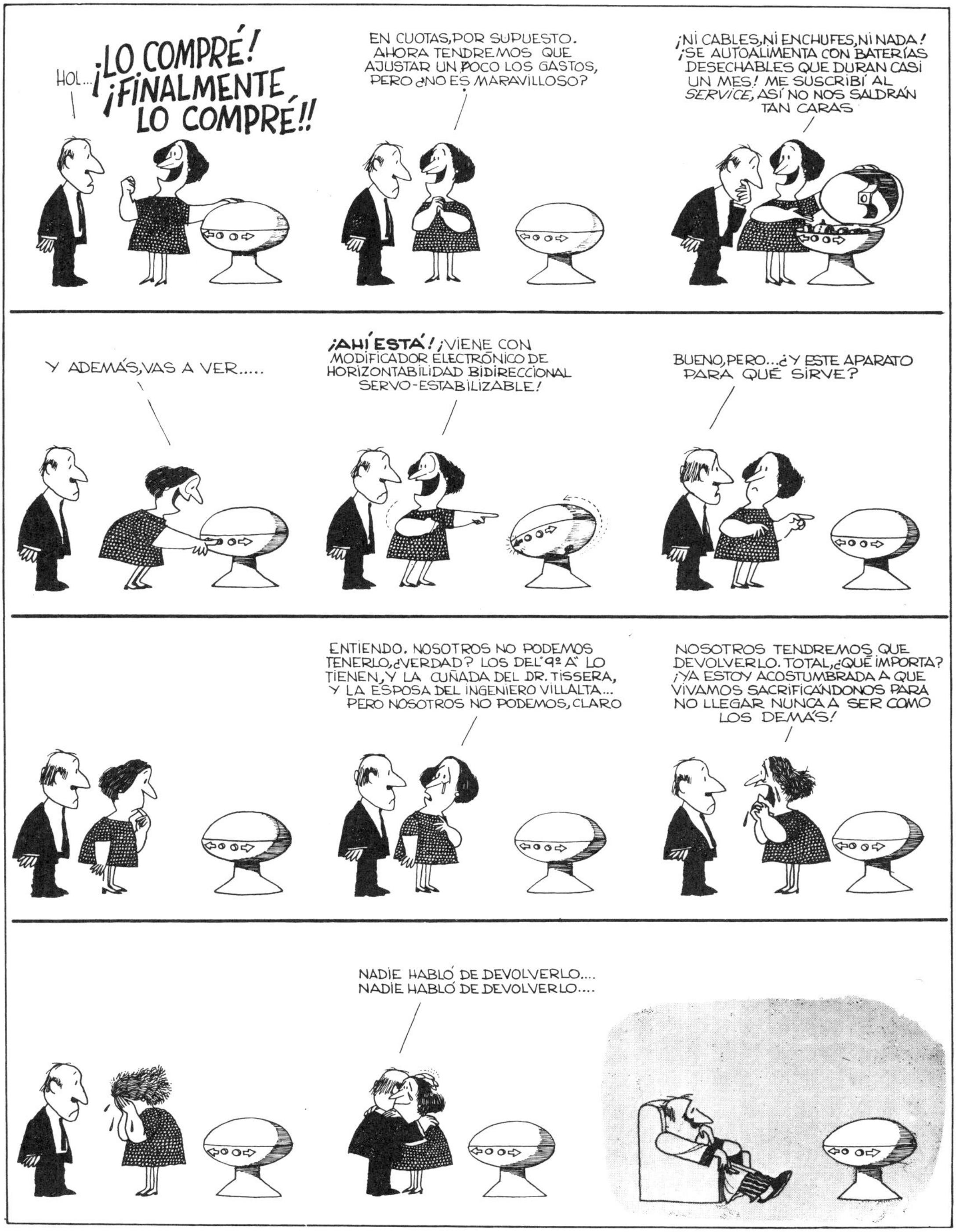
HOL...
¡LO COMPRÉ! ¡FINALMENTE LO COMPRÉ!!
EN CUOTAS, POR SUPUESTO. AHORA TENDREMOS QUE AJUSTAR UN POCO LOS GASTOS, PERO ¿NO ES MARAVILLOSO?
¡NI CABLES, NI ENCHUFES, NI NADA! ¡SE AUTOALIMENTA CON BATERÍAS DESECHABLES QUE DURAN CASI UN MES! ME SUSCRIBÍ AL *SERVICE*, ASÍ NO NOS SALDRÁN TAN CARAS
Y ADEMÁS, VAS A VER.....
¡AHÍ ESTÁ! ¡VIENE CON MODIFICADOR ELECTRÓNICO DE HORIZONTABILIDAD BIDIRECCIONAL SERVO-ESTABILIZABLE!
BUENO, PERO... ¿Y ESTE APARATO PARA QUÉ SIRVE?
ENTIENDO. NOSOTROS NO PODEMOS TENERLO, ¿VERDAD? LOS DEL "9º A" LO TIENEN, Y LA CUÑADA DEL DR. TISSERA, Y LA ESPOSA DEL INGENIERO VILLALTA... PERO NOSOTROS NO PODEMOS, CLARO
NOSOTROS TENDREMOS QUE DEVOLVERLO. TOTAL, ¿QUÉ IMPORTA? ¡YA ESTOY ACOSTUMBRADA A QUE VIVAMOS SACRIFICÁNDONOS PARA NO LLEGAR NUNCA A SER COMO LOS DEMÁS!
NADIE HABLÓ DE DEVOLVERLO.... NADIE HABLÓ DE DEVOLVERLO....

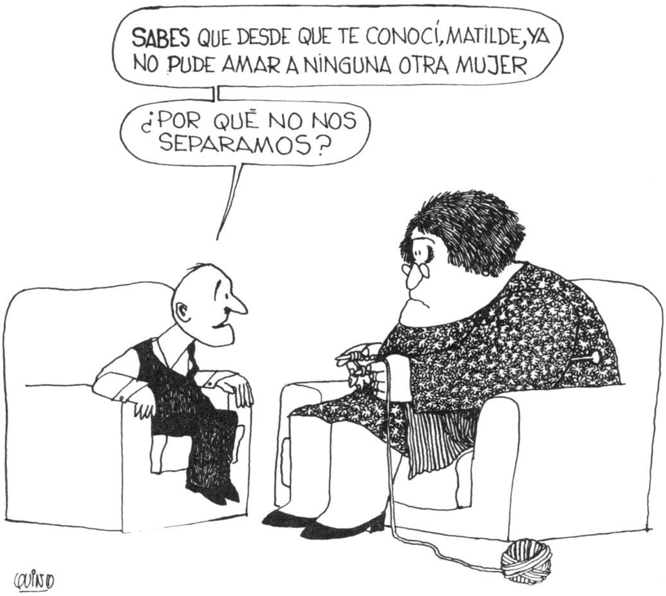
SABES QUE DESDE QUE TE CONOCÍ, MATILDE, YA NO PUDE AMAR A NINGUNA OTRA MUJER
¿POR QUÉ NO NOS SEPARAMOS?
QUINO

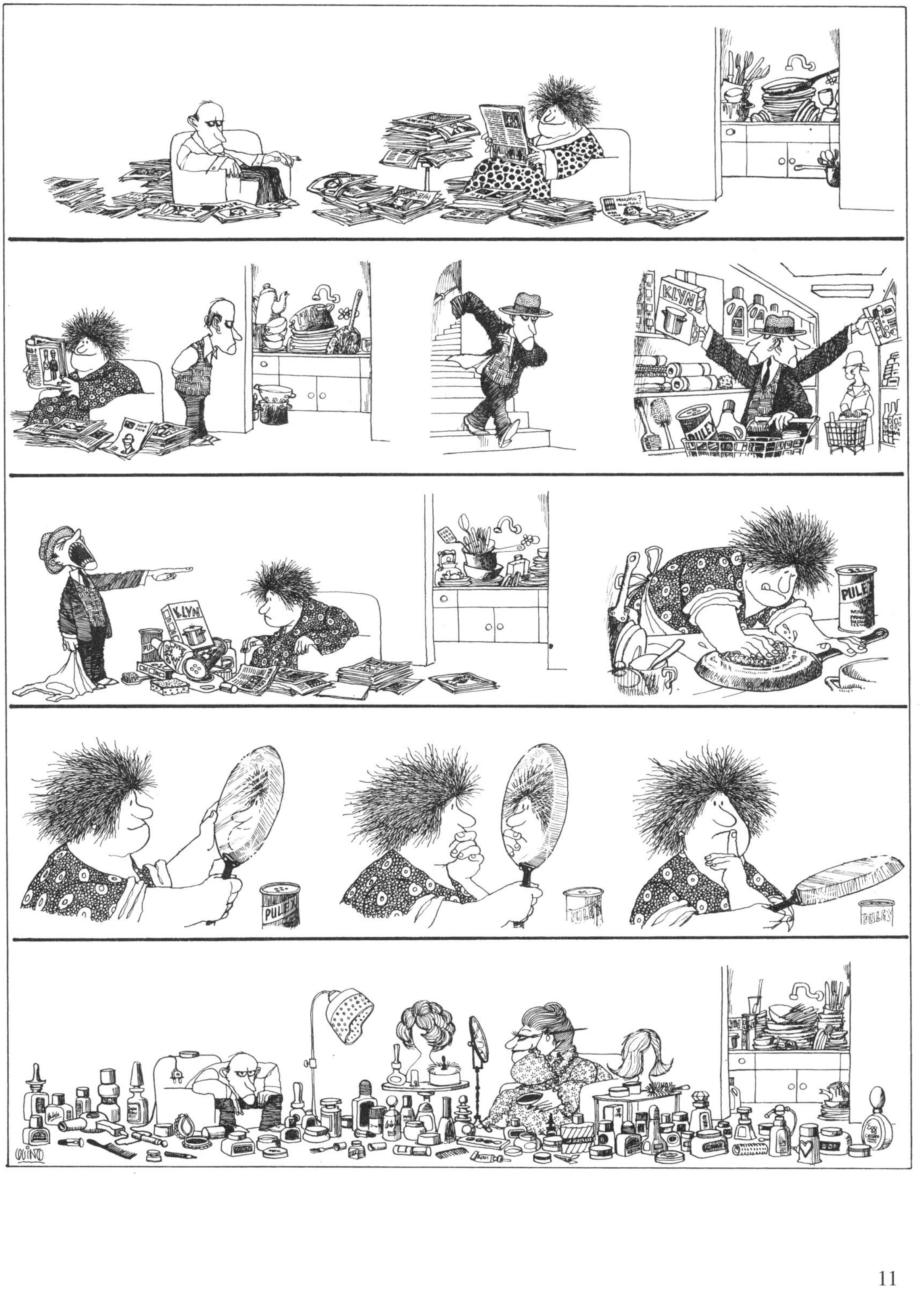
KLYN
PULEX
KLYN
PULEX
PULEX
PULEX
PULEX
QUINO

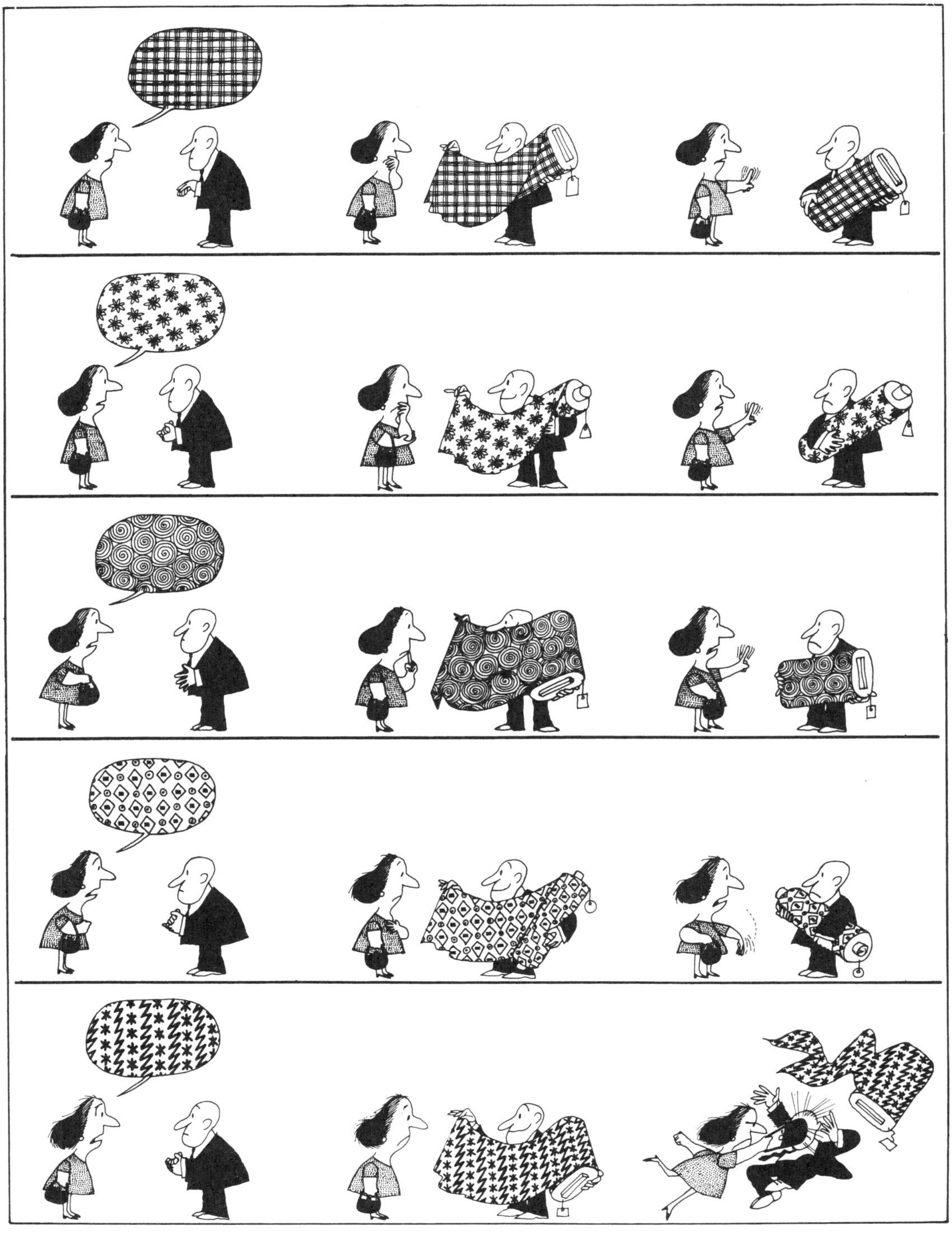

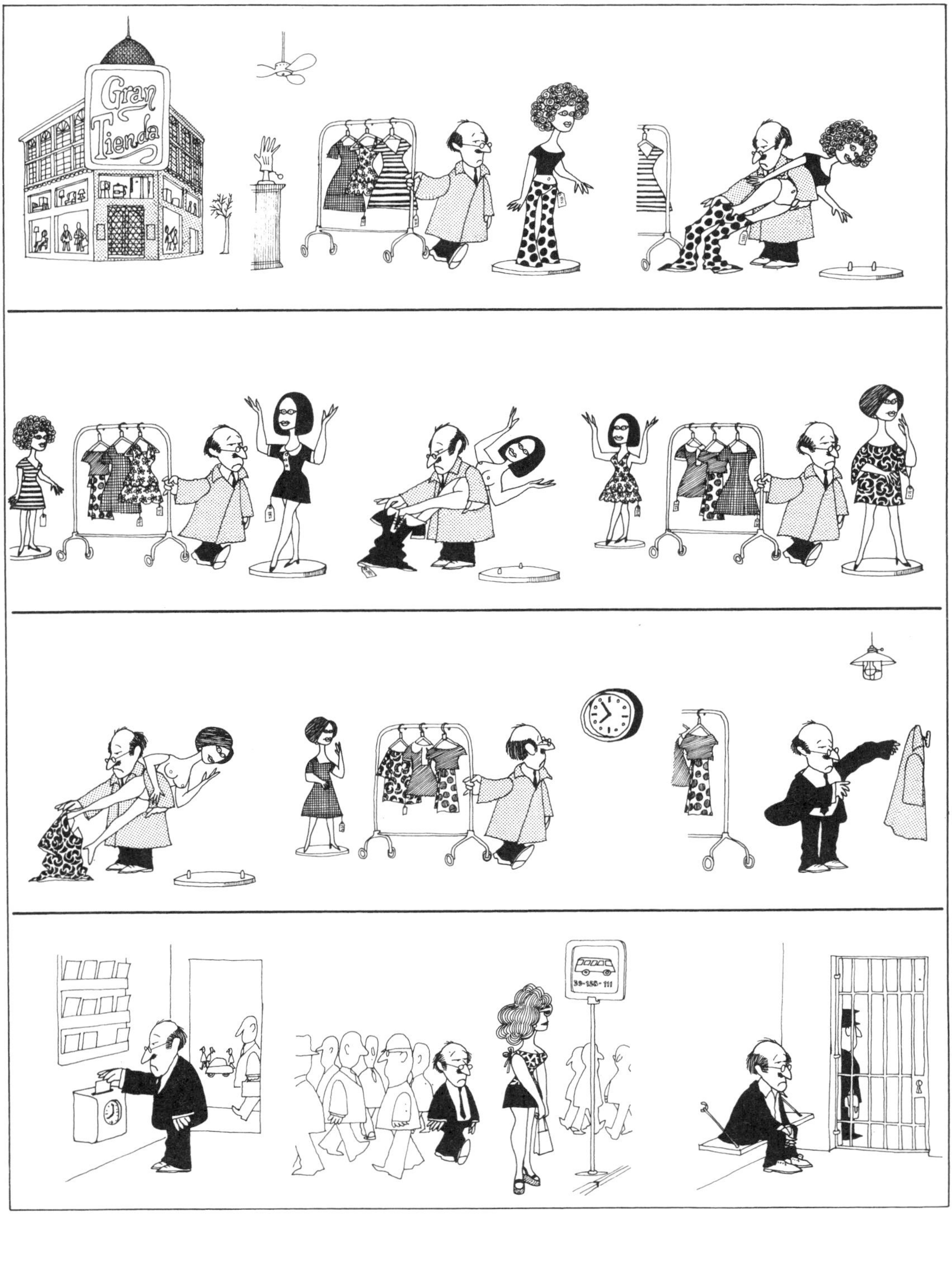
Gran Tienda

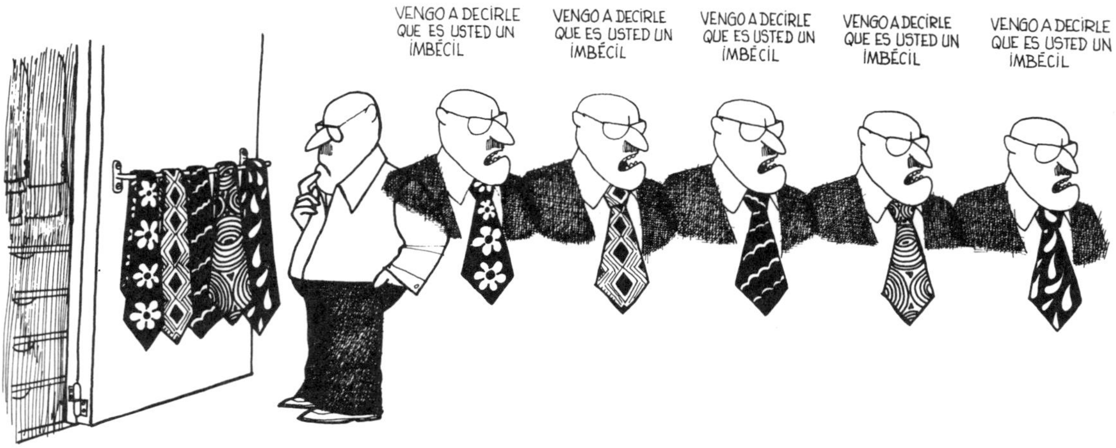
VENGO A DECIRLE QUE ES USTED UN IMBÉCIL
VENGO A DECIRLE QUE ES USTED UN IMBÉCIL
VENGO A DECIRLE QUE ES USTED UN IMBÉCIL
VENGO A DECIRLE QUE ES USTED UN IMBÉCIL
VENGO A DECIRLE QUE ES USTED UN IMBÉCIL

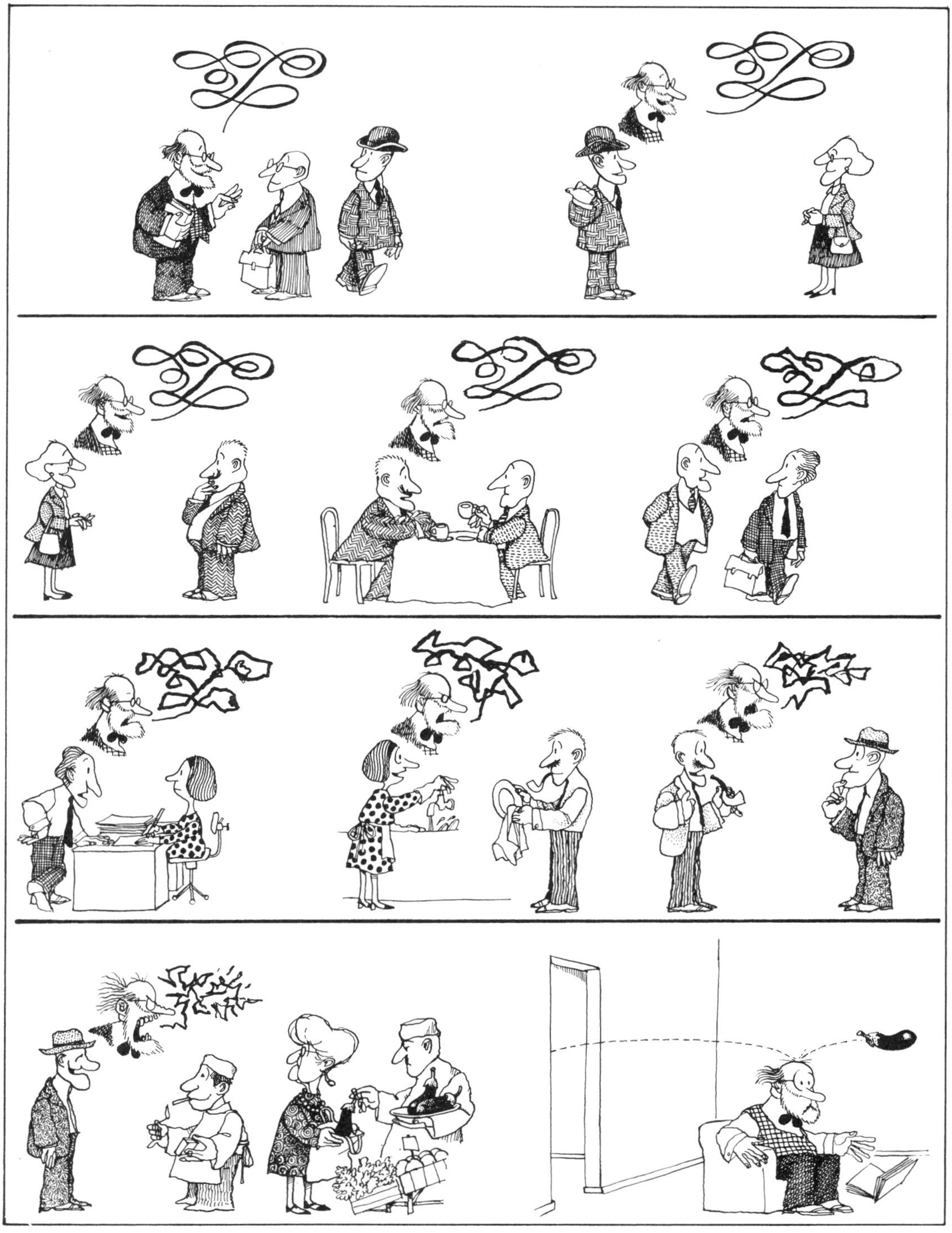

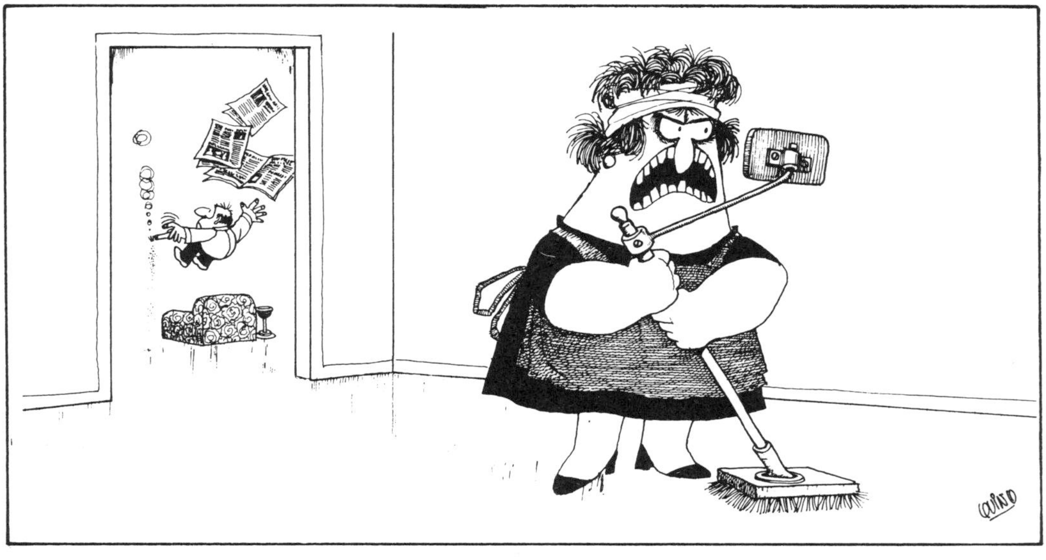
QUINO

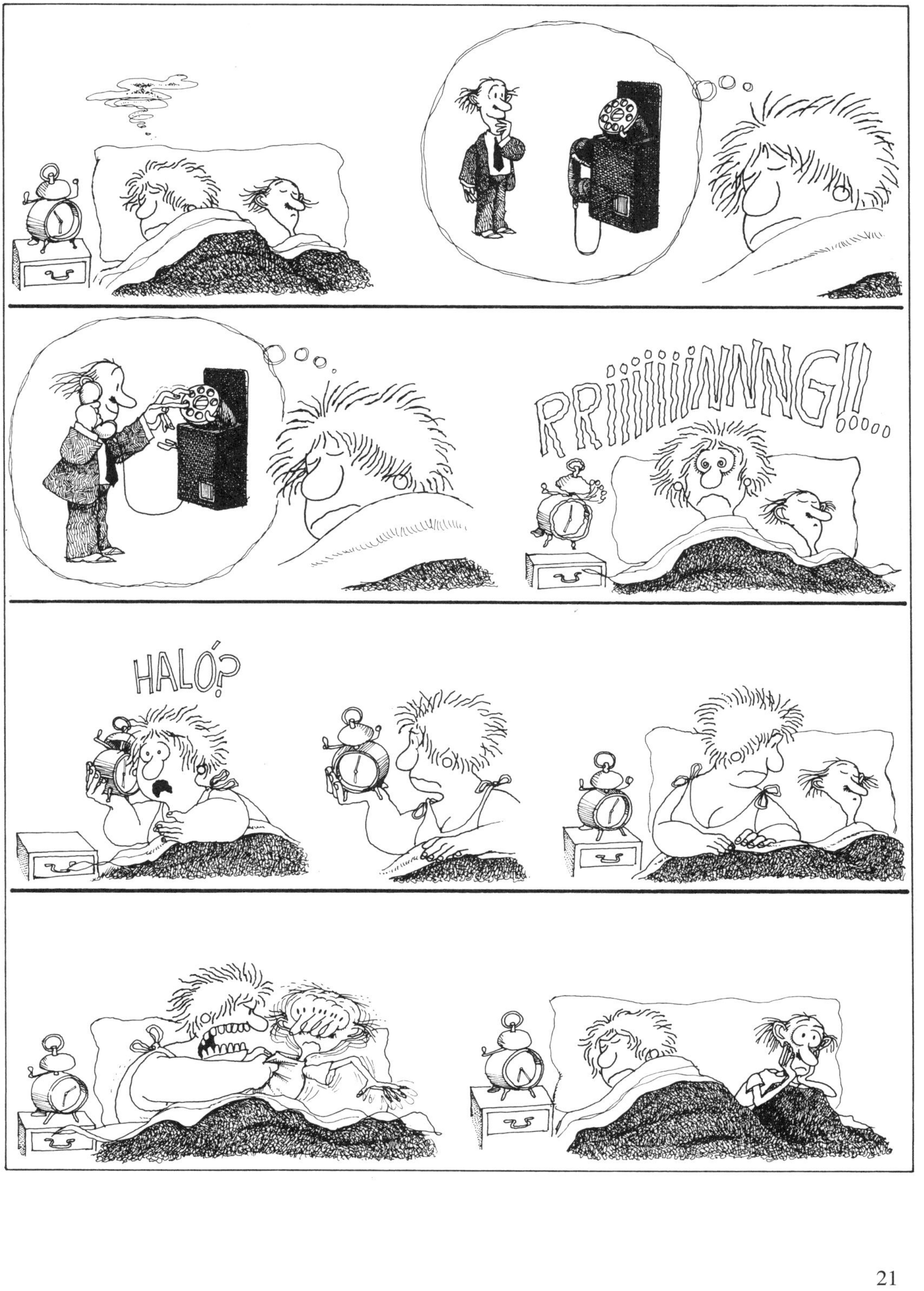
PRIIIIIIIINNNG!!OOOOO
HALÓ?

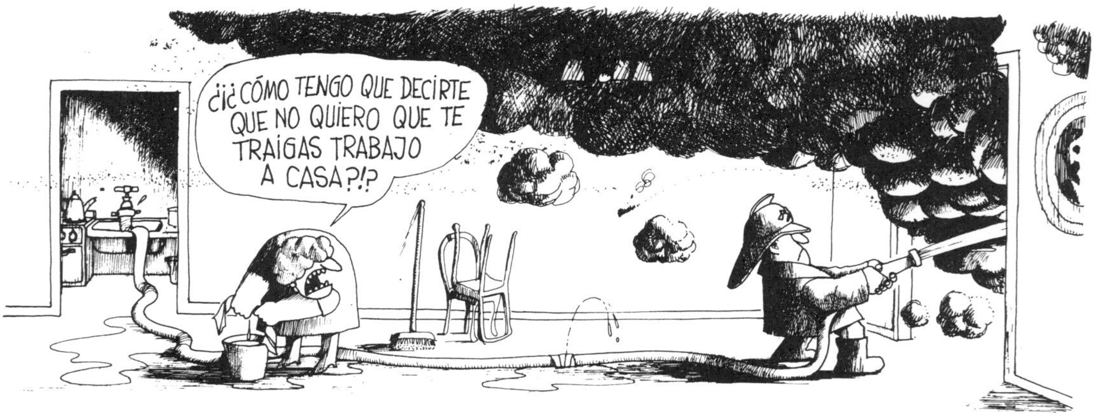
¿¡¿CÓMO TENGO QUE DECIRTE QUE NO QUIERO QUE TE TRAIGAS TRABAJO A CASA?!?

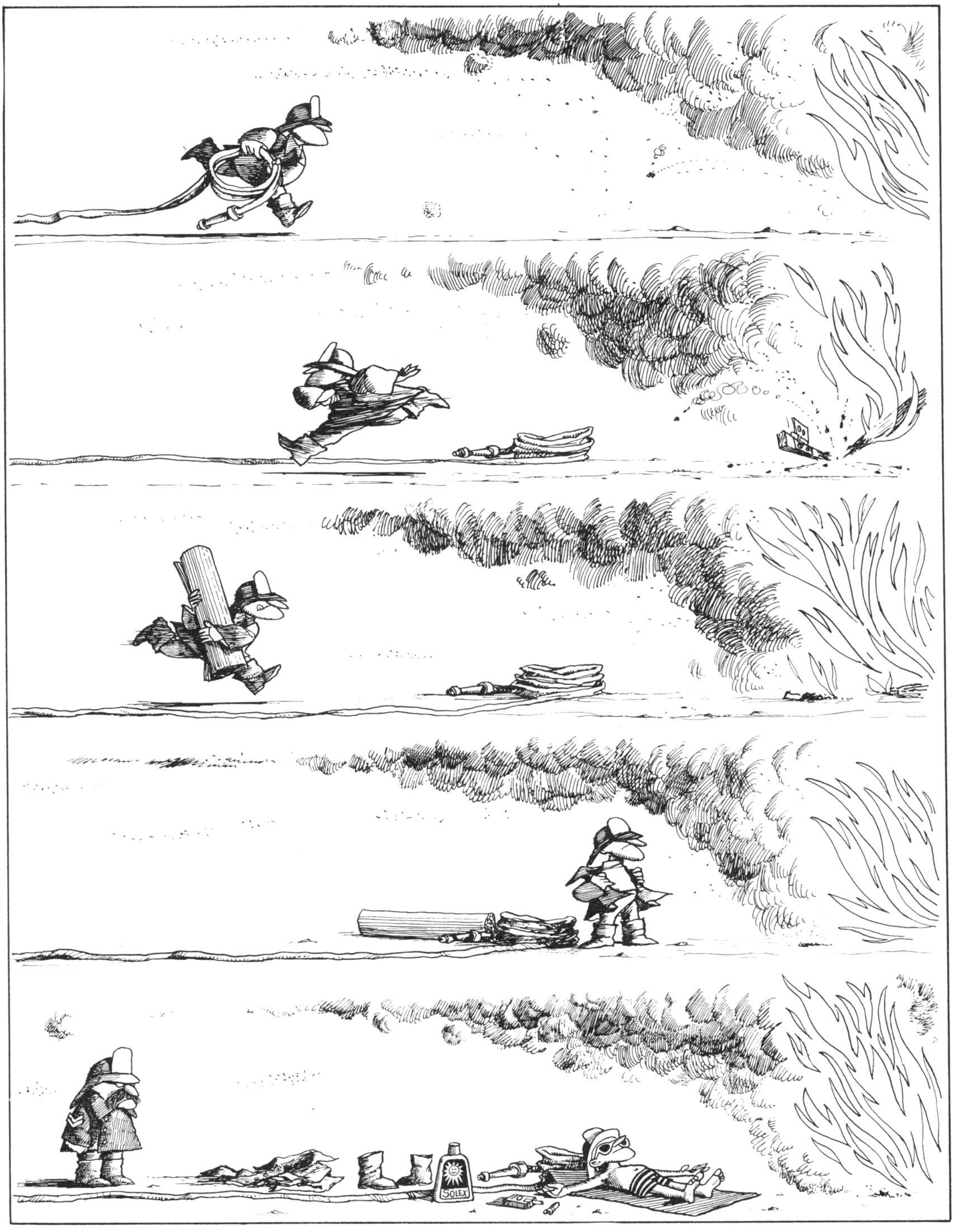
SOLEX

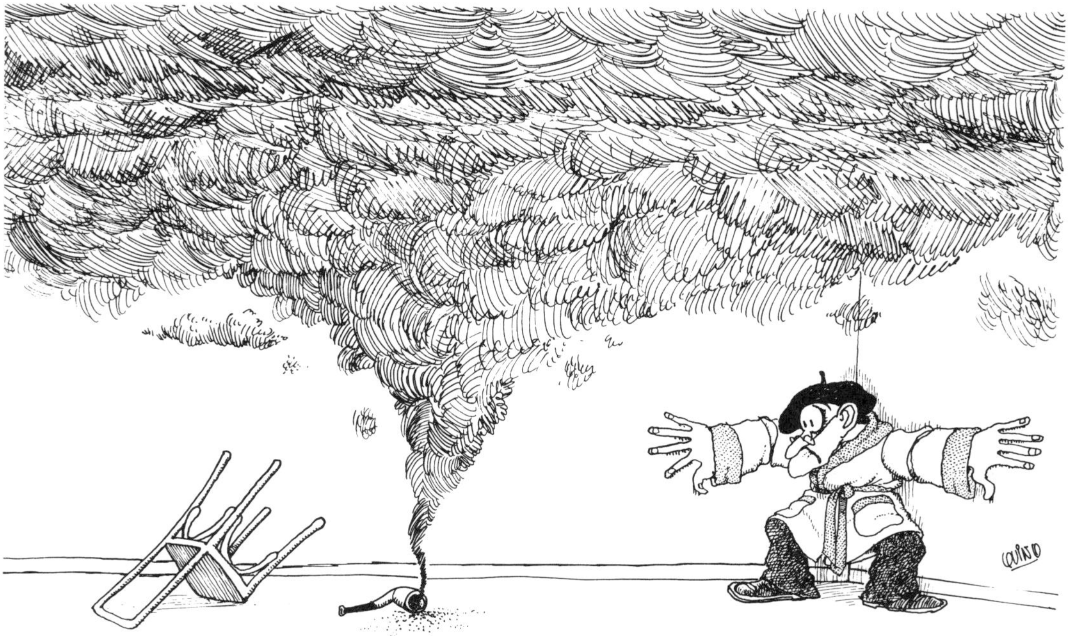
QUINO

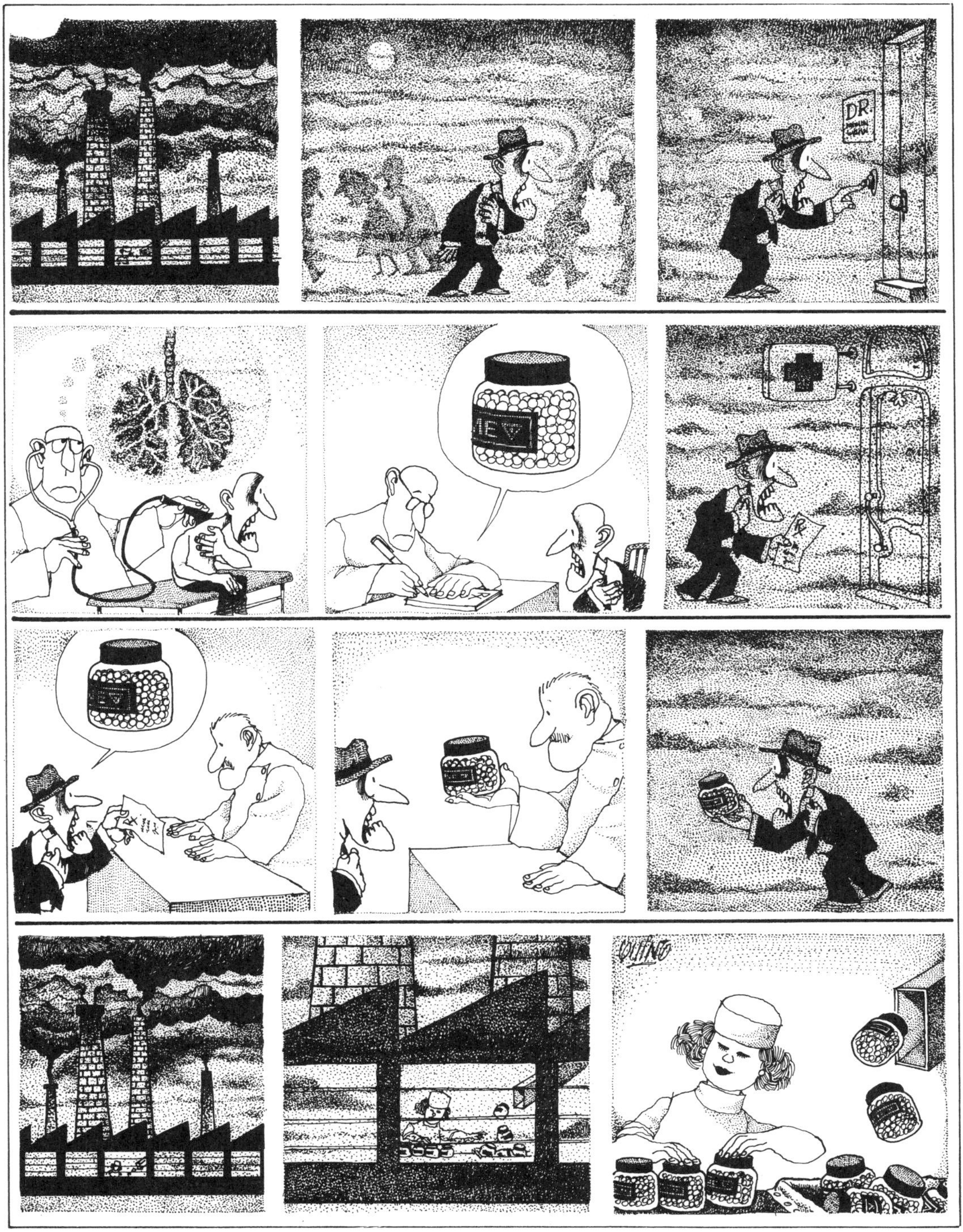
DR.

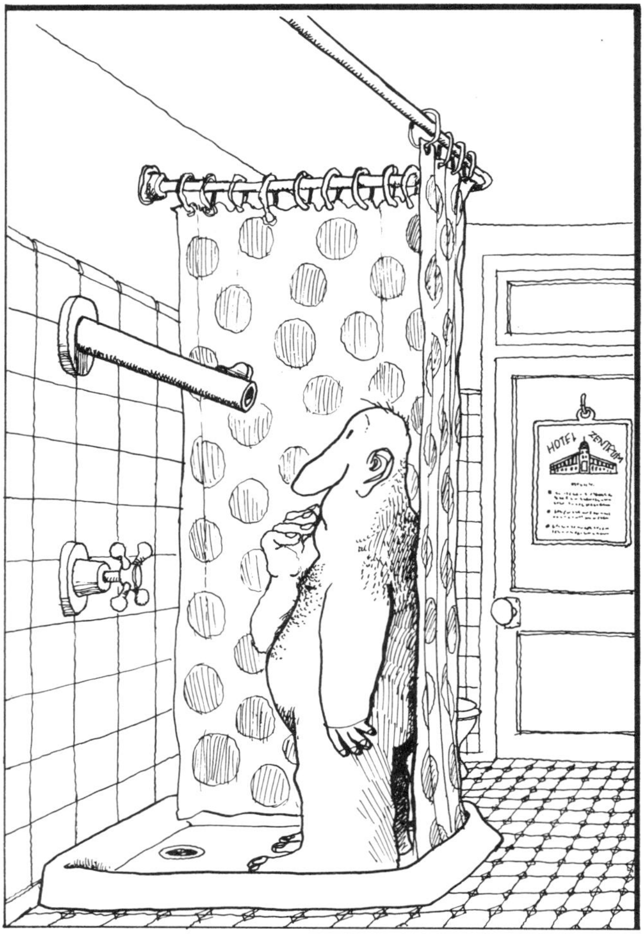
HOTEL ZENTRUM

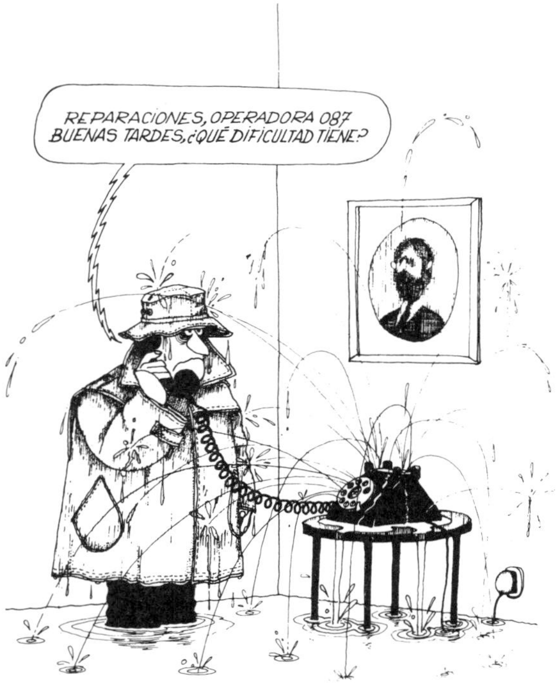
REPARACIONES, OPERADORA 087
BUENAS TARDES, ¿QUÉ DIFICULTAD TIENE?

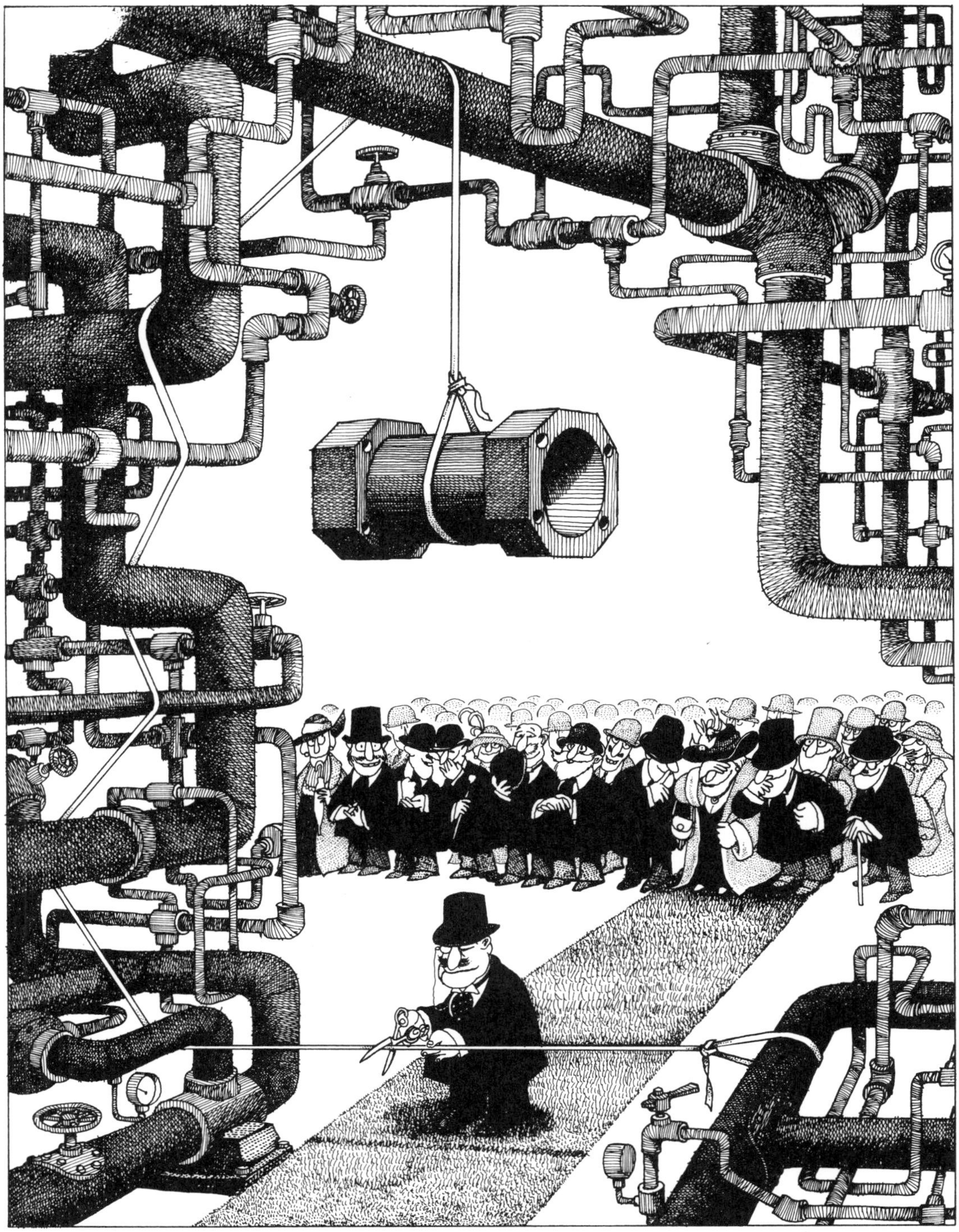

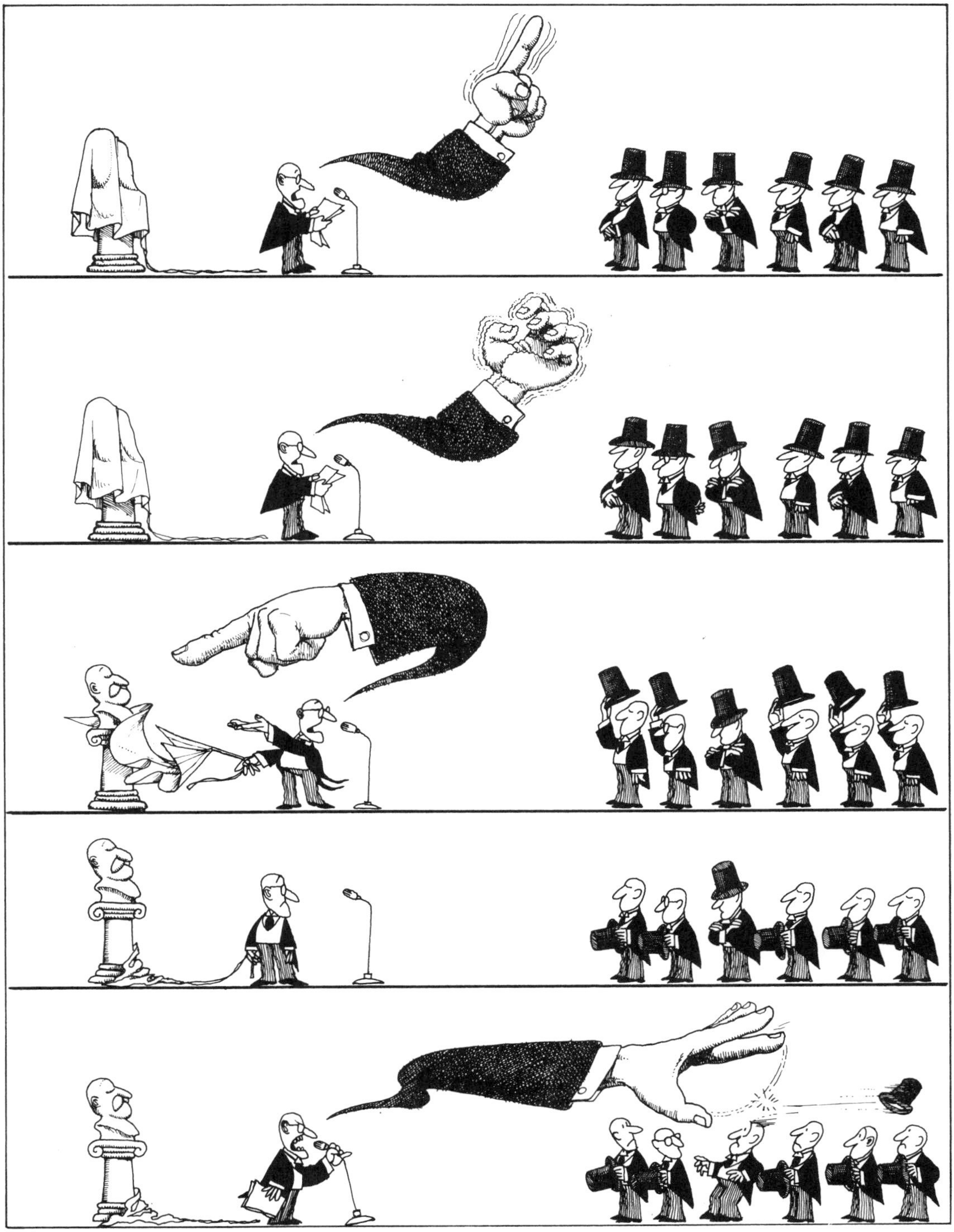

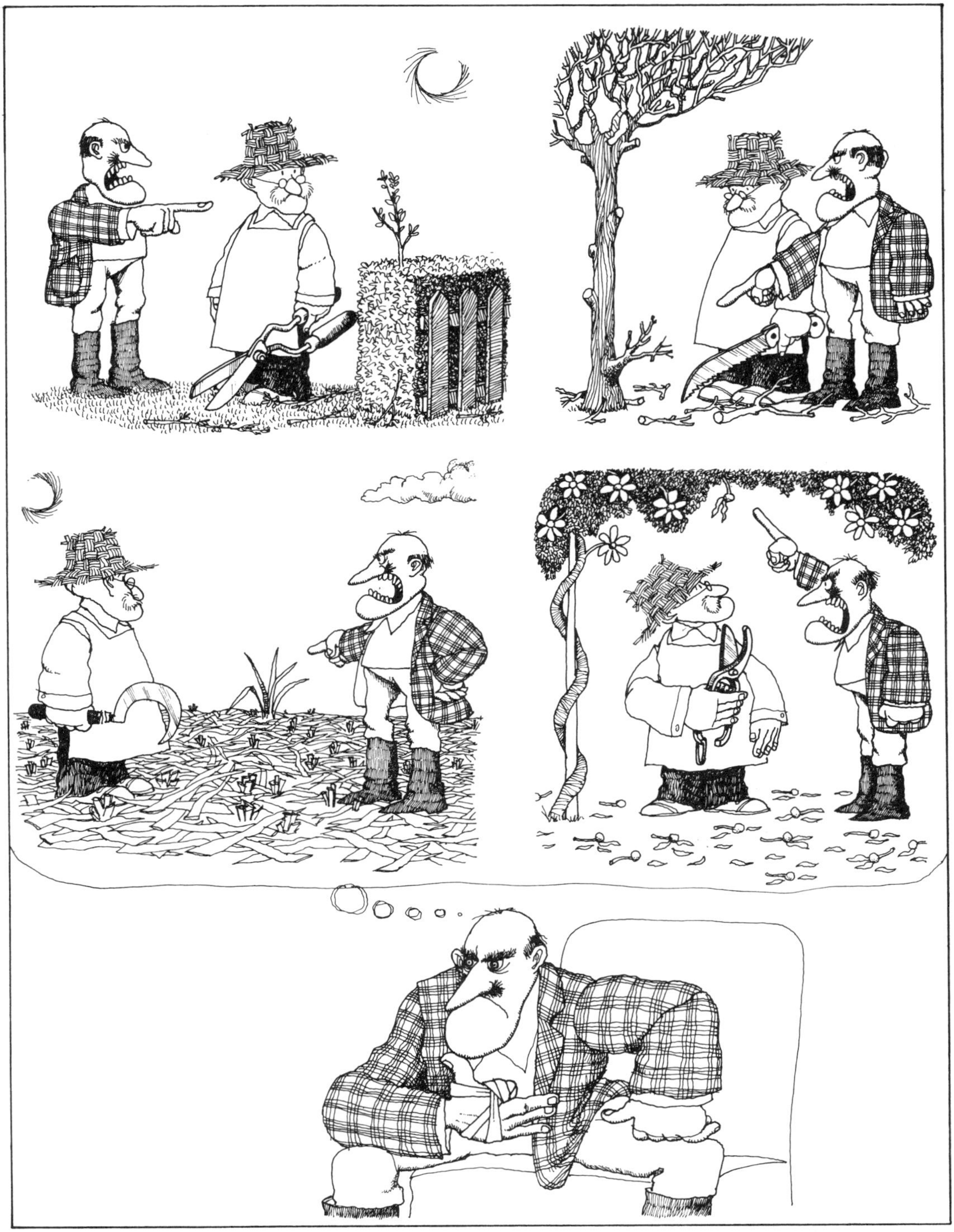

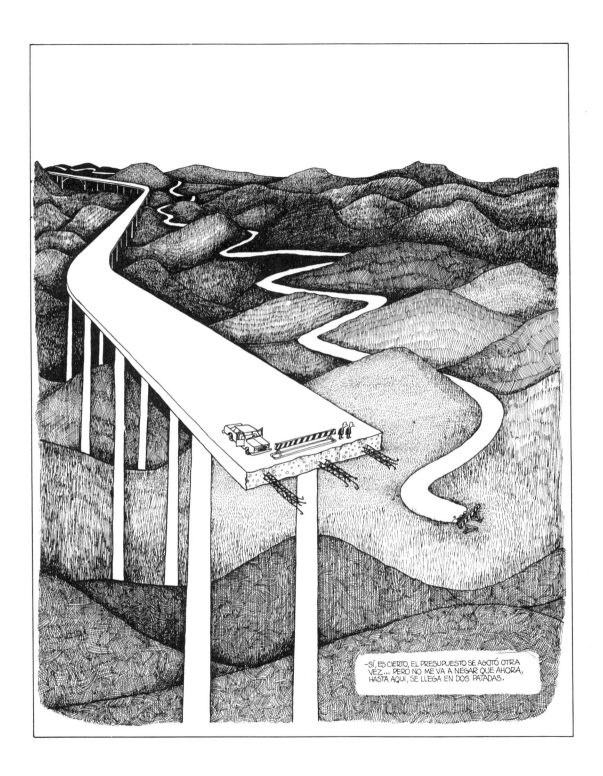

-SÍ, ES CIERTO, EL PRESUPUESTO SE AGOTÓ OTRA VEZ... PERO NO ME VA A NEGAR QUE AHORA, HASTA AQUÍ, SE LLEGA EN DOS PATADAS.

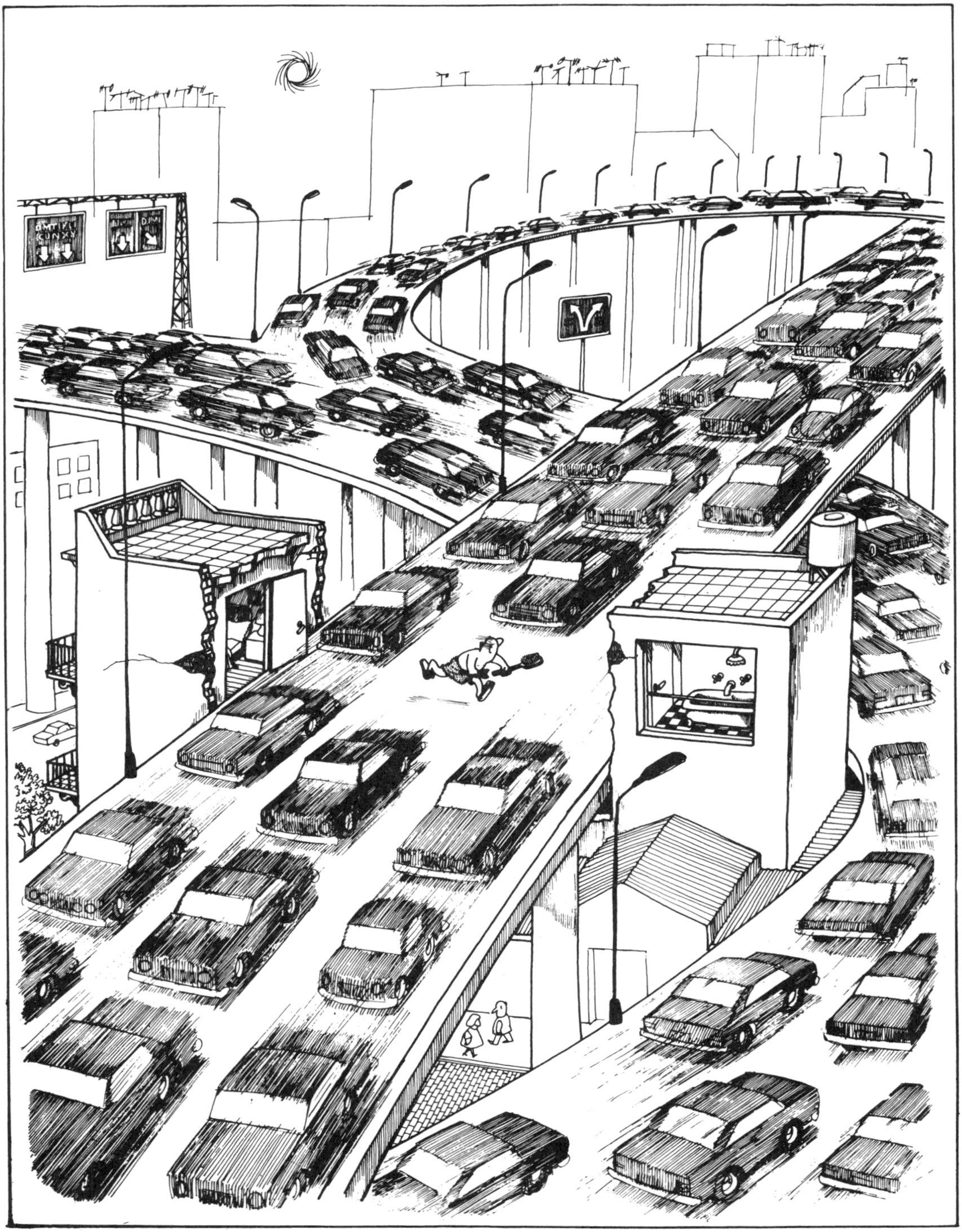

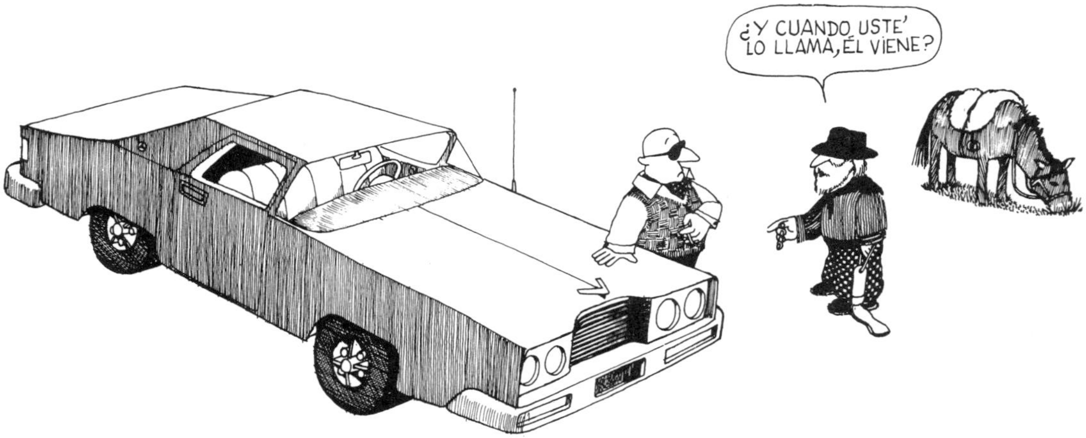
¿Y CUANDO USTE' LO LLAMA, ÉL VIENE?

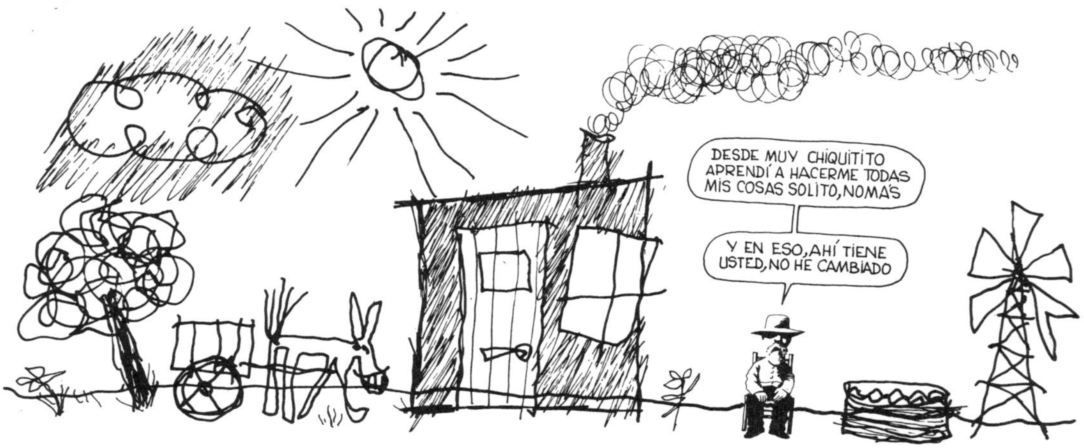
DESDE MUY CHIQUITITO APRENDÍ A HACERME TODAS MIS COSAS SOLITO, NOMÁS
Y EN ESO, AHÍ TIENE USTED, NO HE CAMBIADO

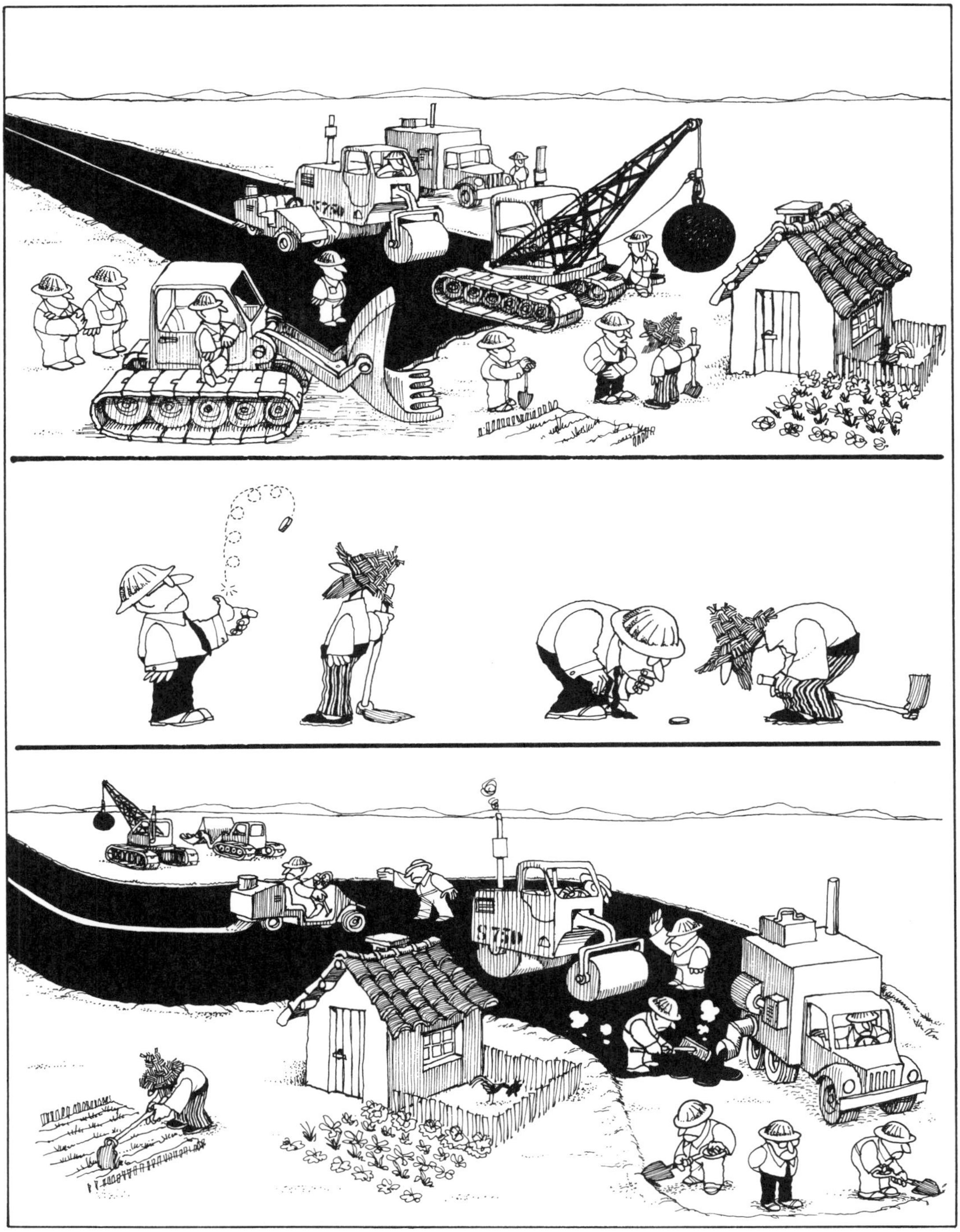

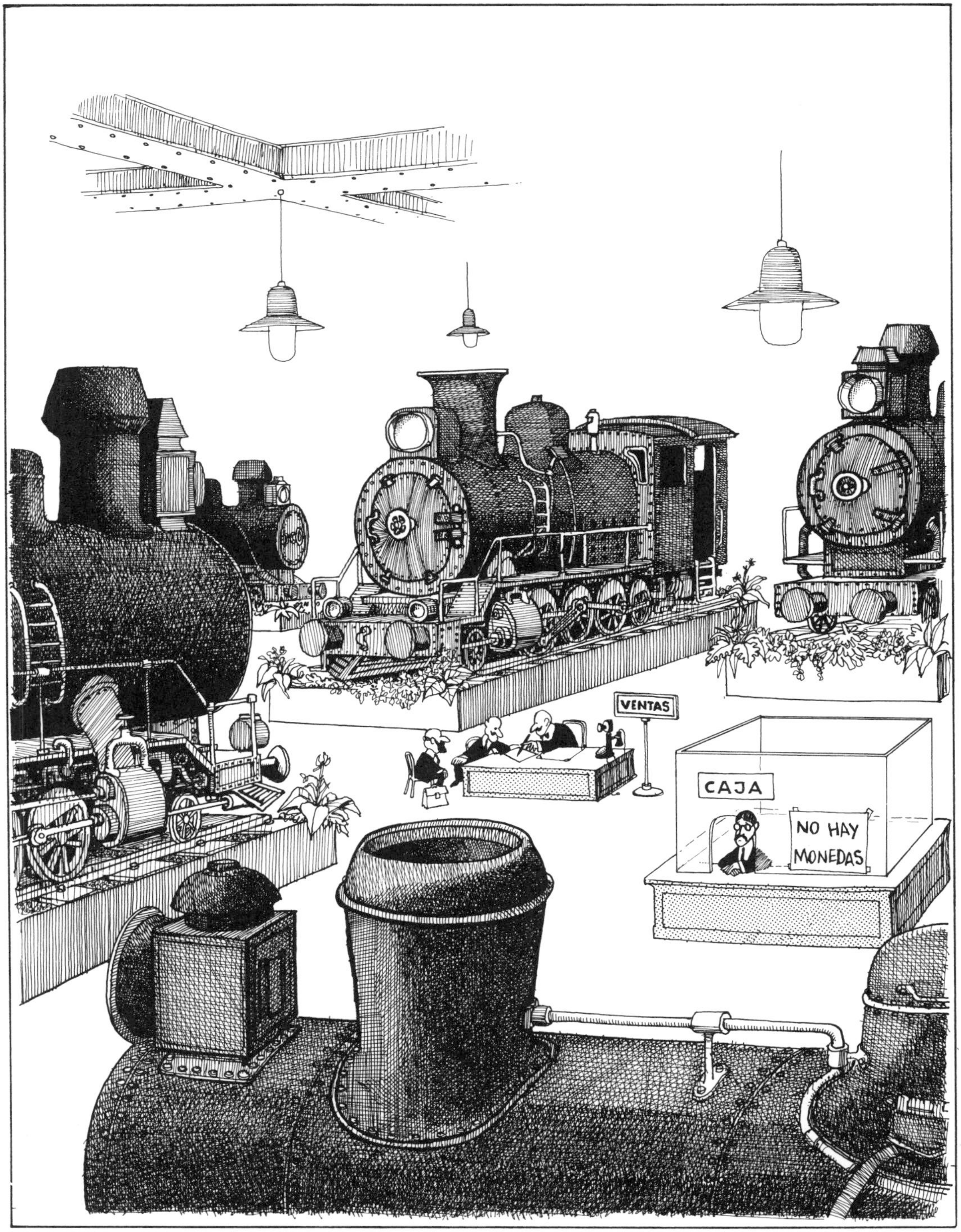
VENTAS
CAJA
NO HAY MONEDAS

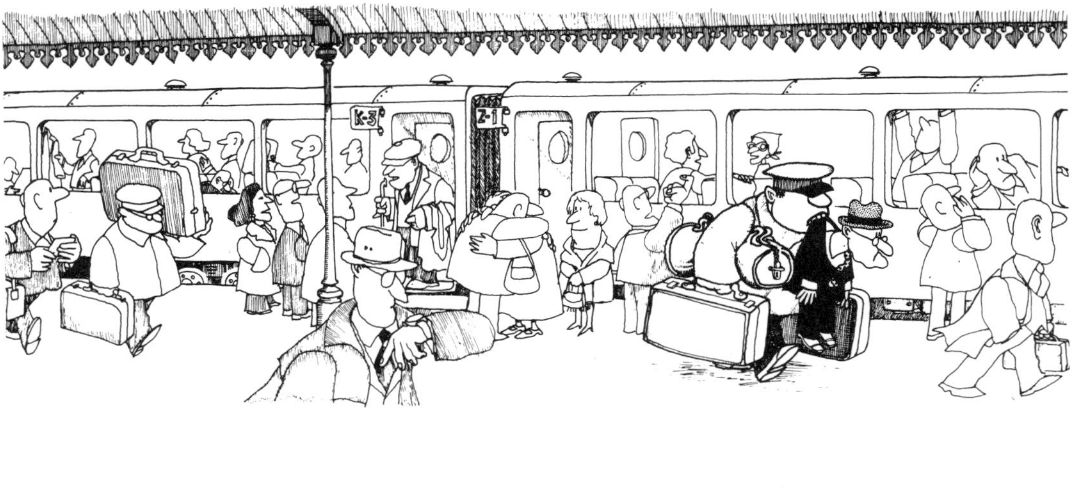
K-3
Z-1

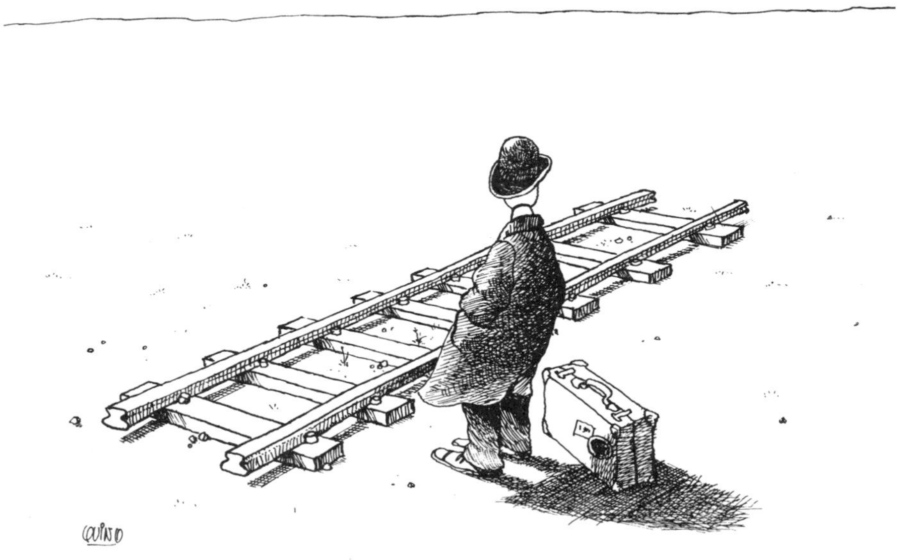
QUINO

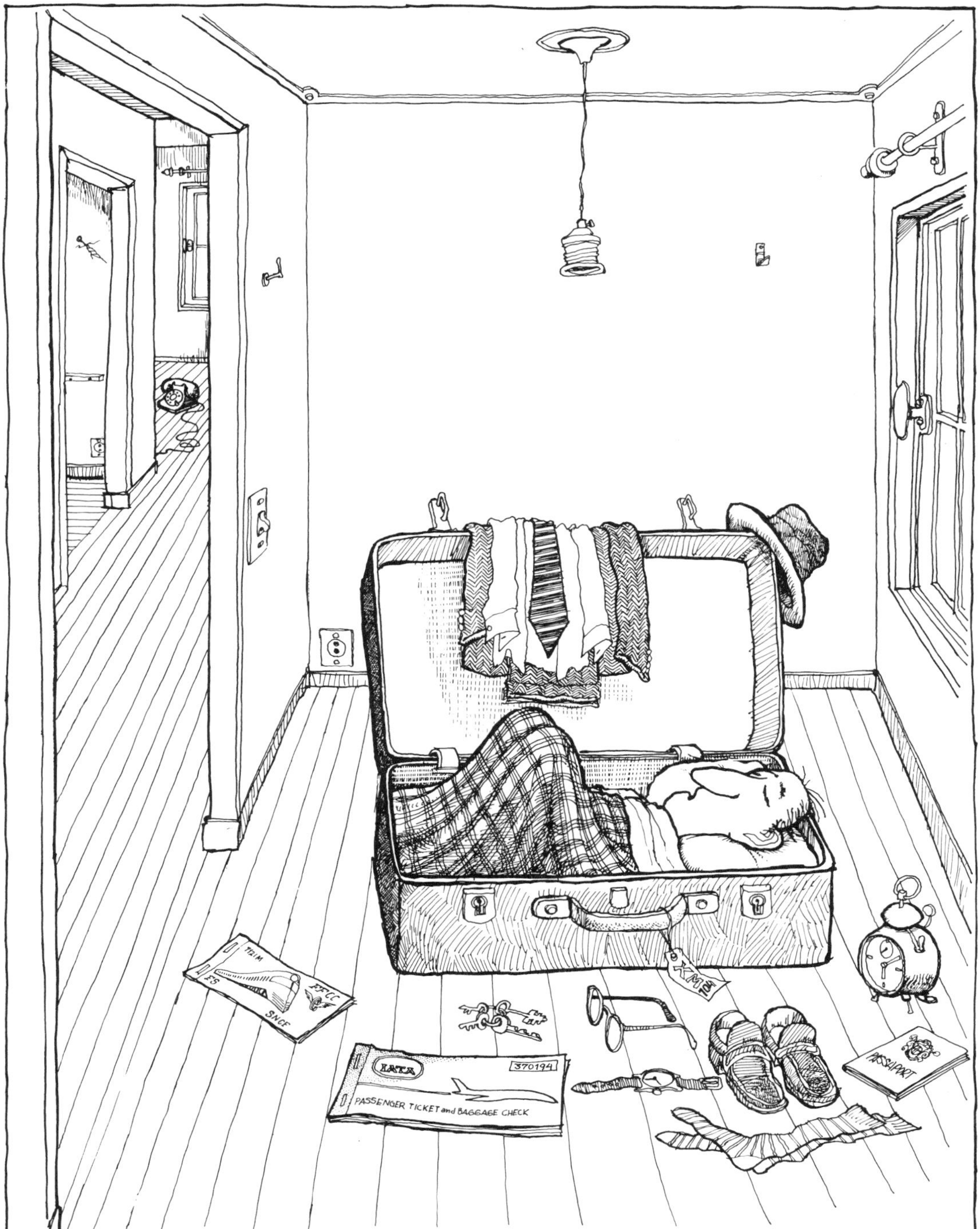
IATA
370194
PASSENGER TICKET and BAGGAGE CHECK
SNCF
PASSAPORT

HEME AQUÍ, UNA VEZ MÁS, REUNIDO JUNTO A MÍ
PARA EVOCAR OTRO ANIVERSARIO DE AQUÉLLA
BORRASCOSA TARDE EN LA QUE, EN HUMANITARIO
GESTO QUE ME HONRA, NO TREPIDÉ EN ARRIES-
GAR MI PROPIA VIDA PARA SALVARME, DANDO
PRUEBAS DE DESINTERESADO AMOR HACIA QUIEN,
COMO YO, DEMOSTRÓ ENTEREZA, VALOR, HEROÍS....

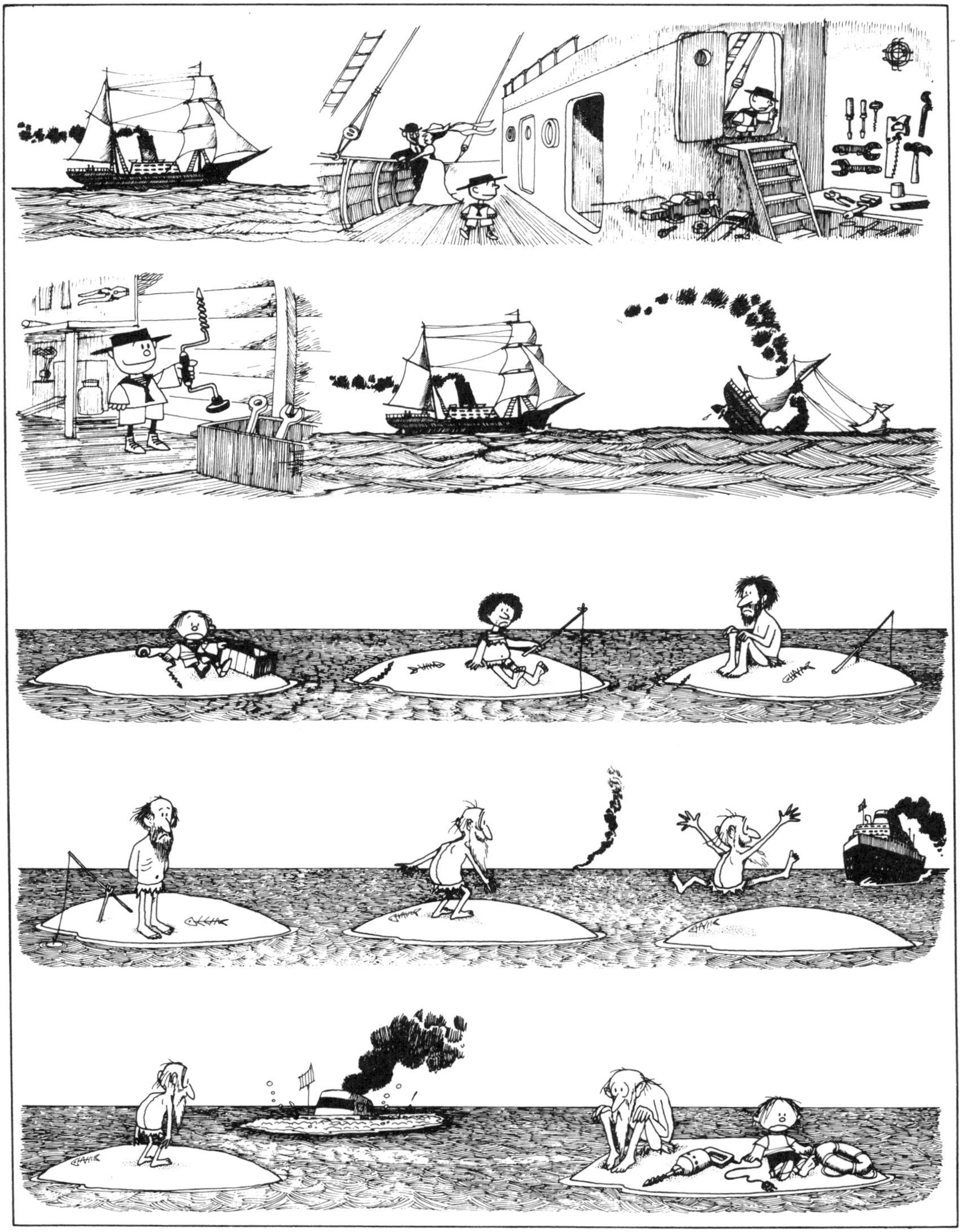

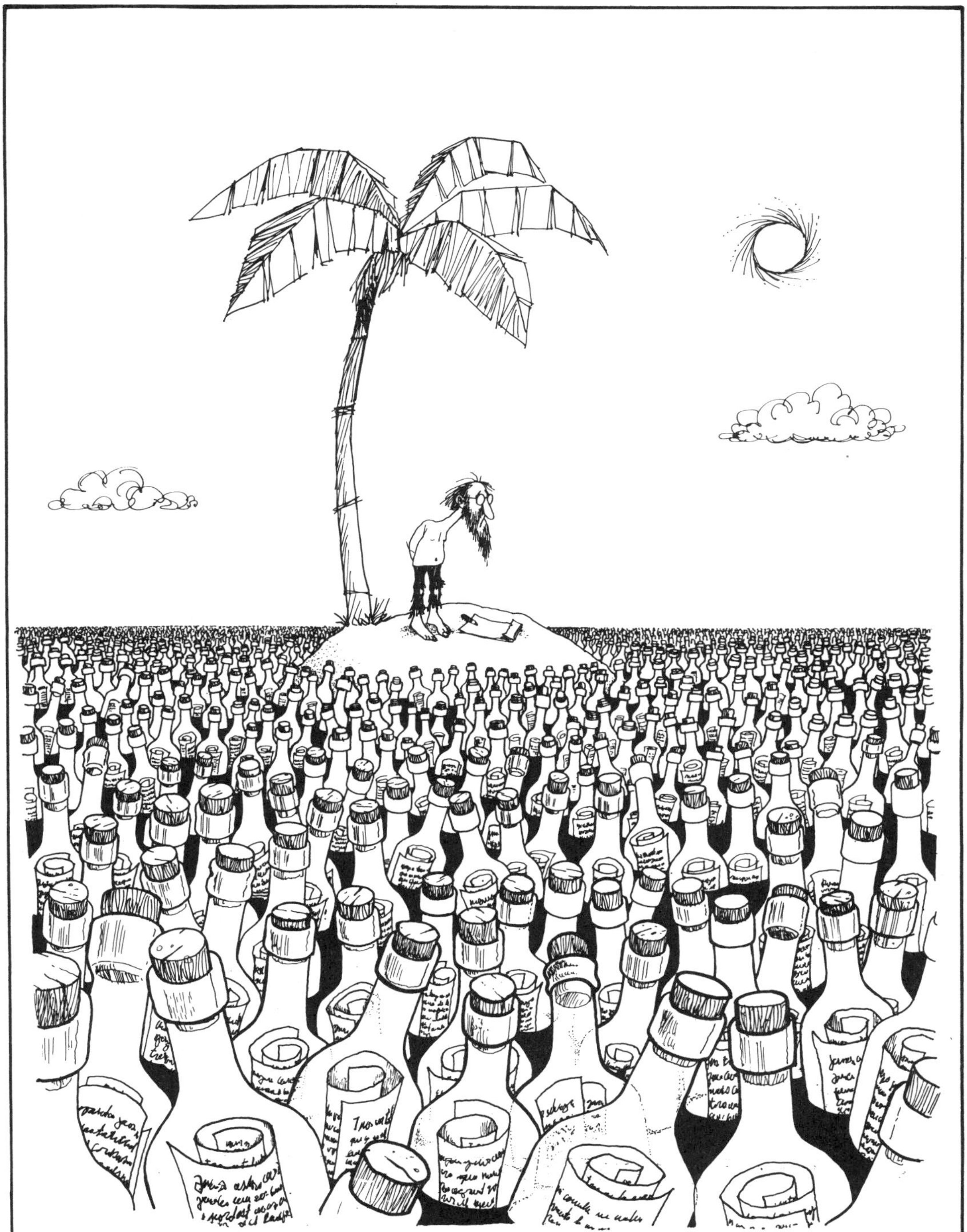

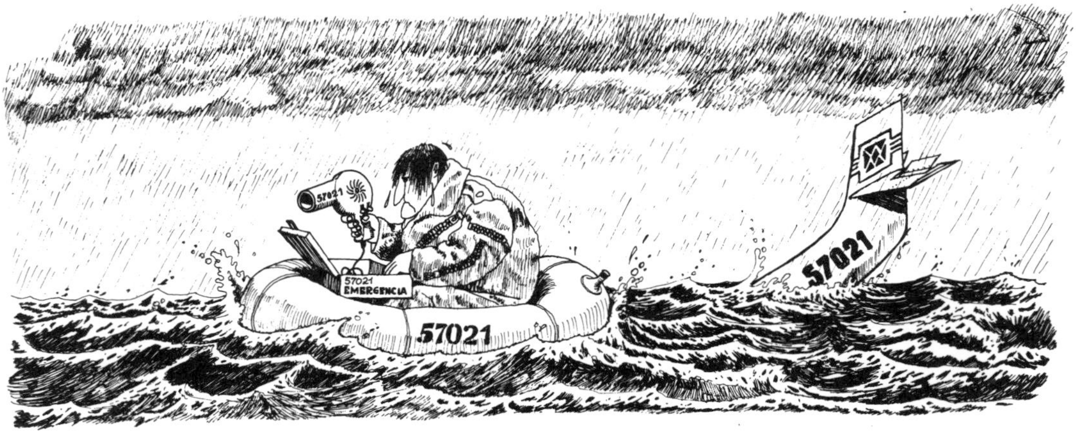
57021
57021
EMERGENCIA
57021
57021

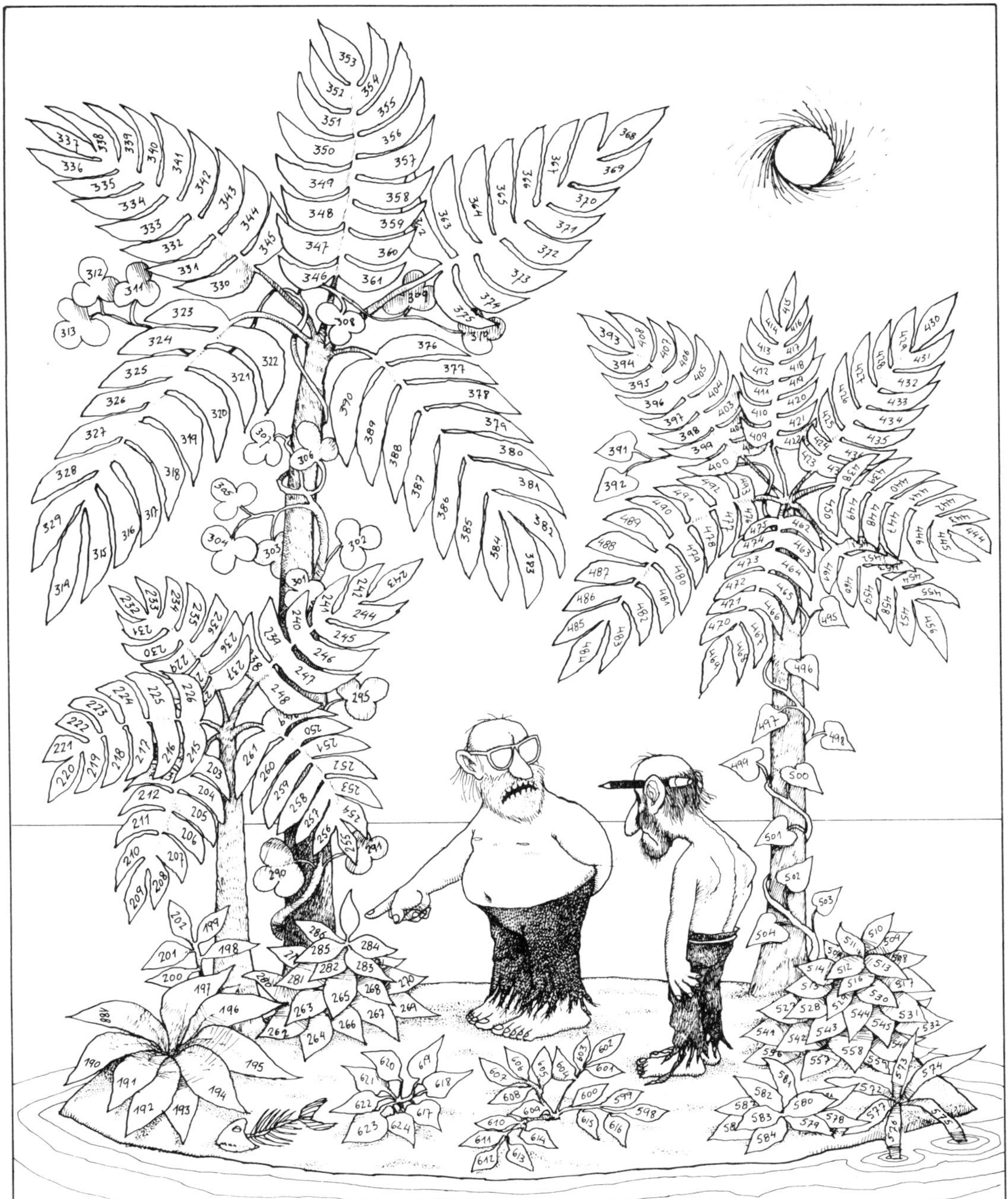

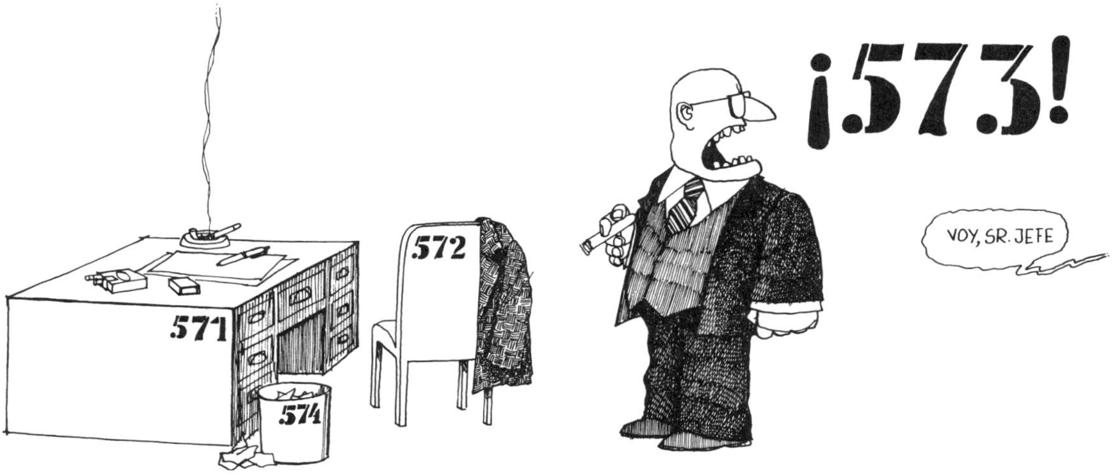

571
572
574
¡573!
VOY, SR. JEFE

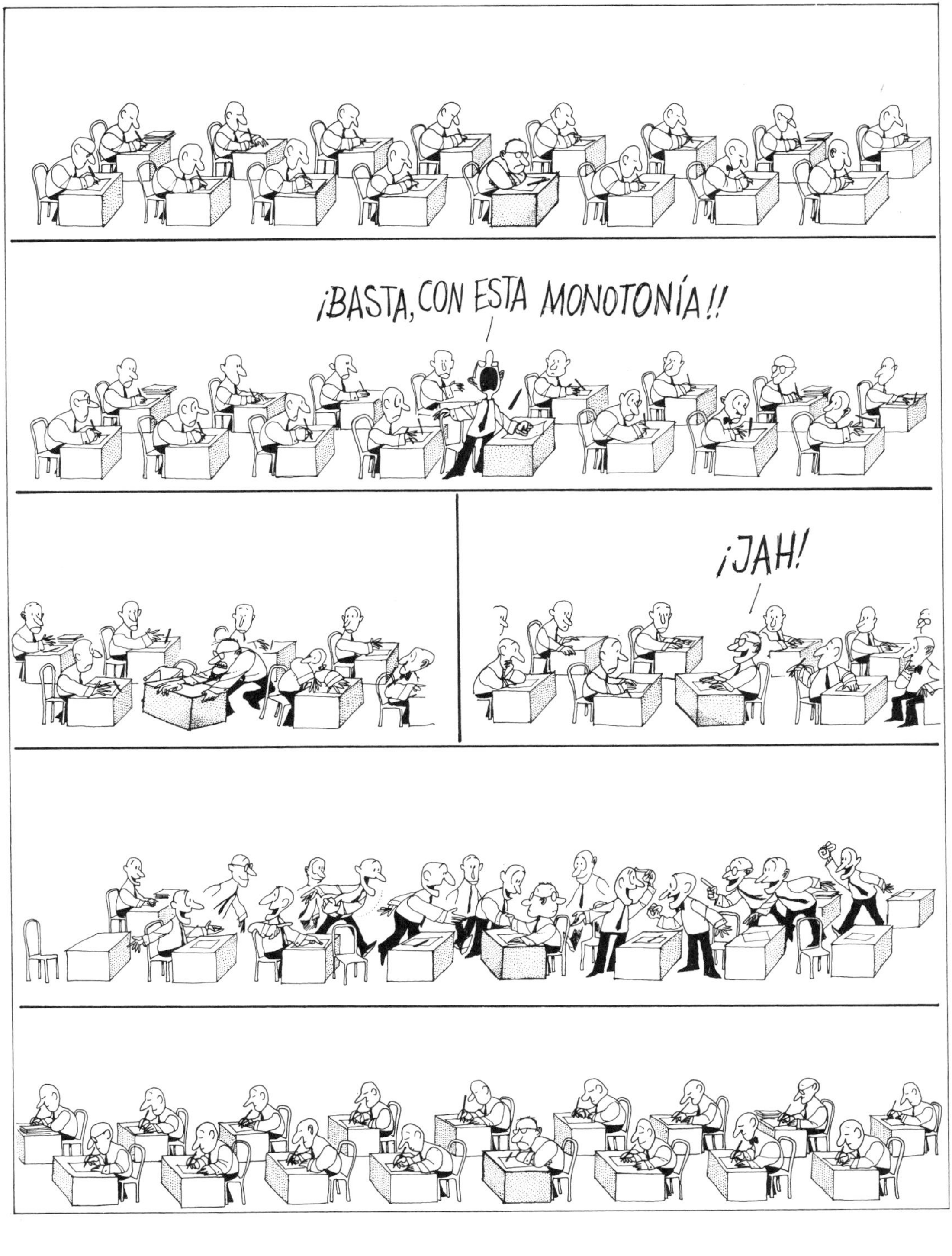
¡BASTA, CON ESTA MONOTONÍA!!
¡JAH!

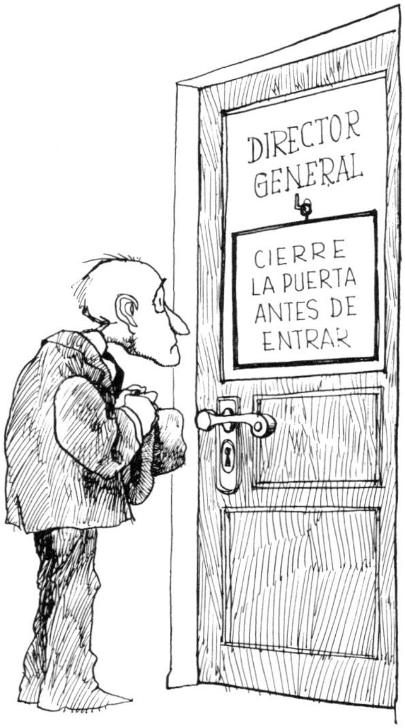
DIRECTOR
GENERAL
CIERRE
LA PUERTA
ANTES DE
ENTRAR

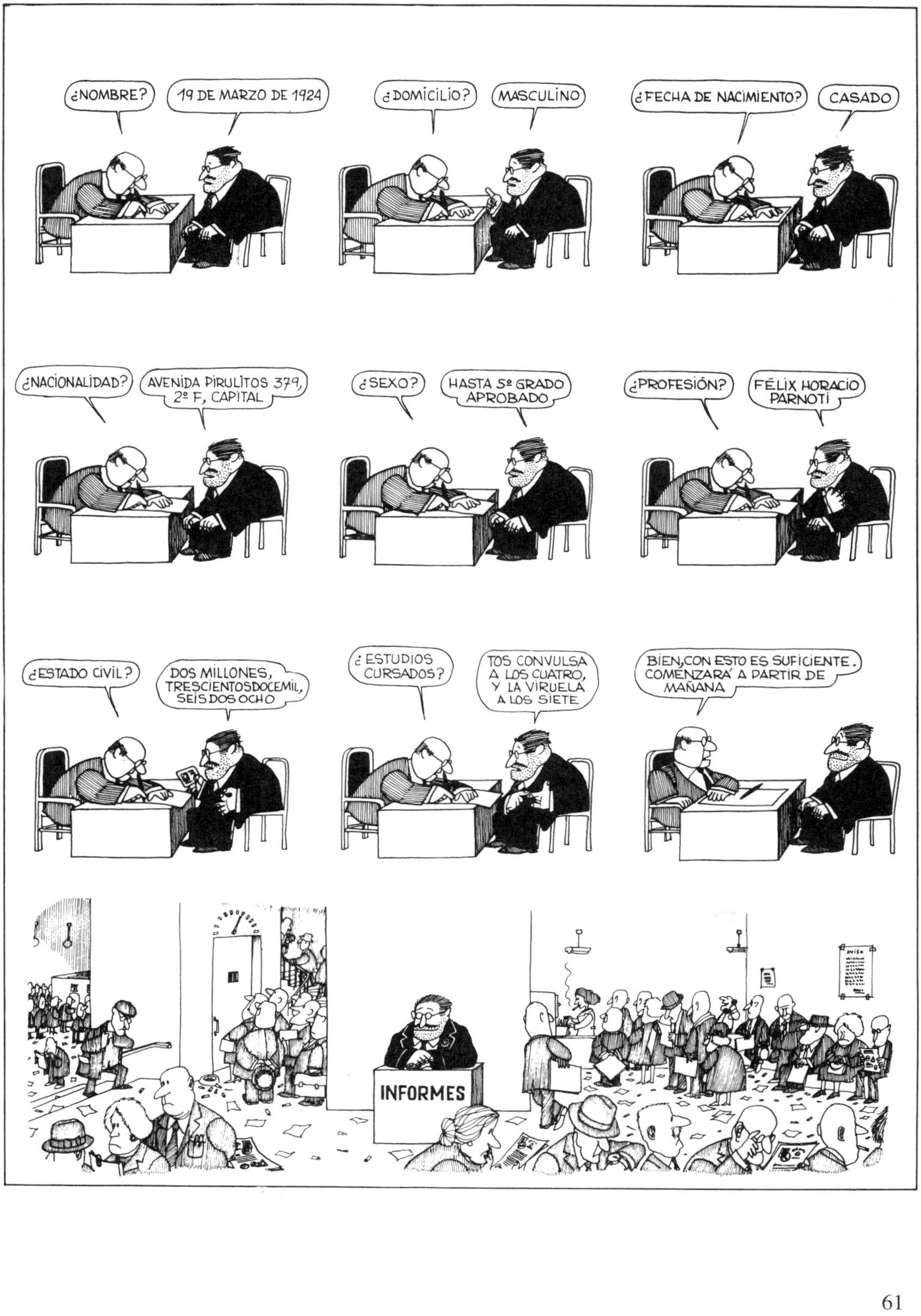
¿NOMBRE?
19 DE MARZO DE 1924
¿DOMICILIO?
MASCULINO
¿FECHA DE NACIMIENTO?
CASADO
¿NACIONALIDAD?
AVENIDA PIRULITOS 379, 2º F, CAPITAL
¿SEXO?
HASTA 5º GRADO APROBADO
¿PROFESIÓN?
FÉLIX HORACIO PARNOTÍ
¿ESTADO CIVIL?
DOS MILLONES, TRESCIENTOSDOCEMIL, SEISDOSOCHO
¿ESTUDIOS CURSADOS?
TOS CONVULSA A LOS CUATRO, Y LA VIRUELA A LOS SIETE
BIEN, CON ESTO ES SUFICIENTE. COMENZARÁ A PARTIR DE MAÑANA
INFORMES

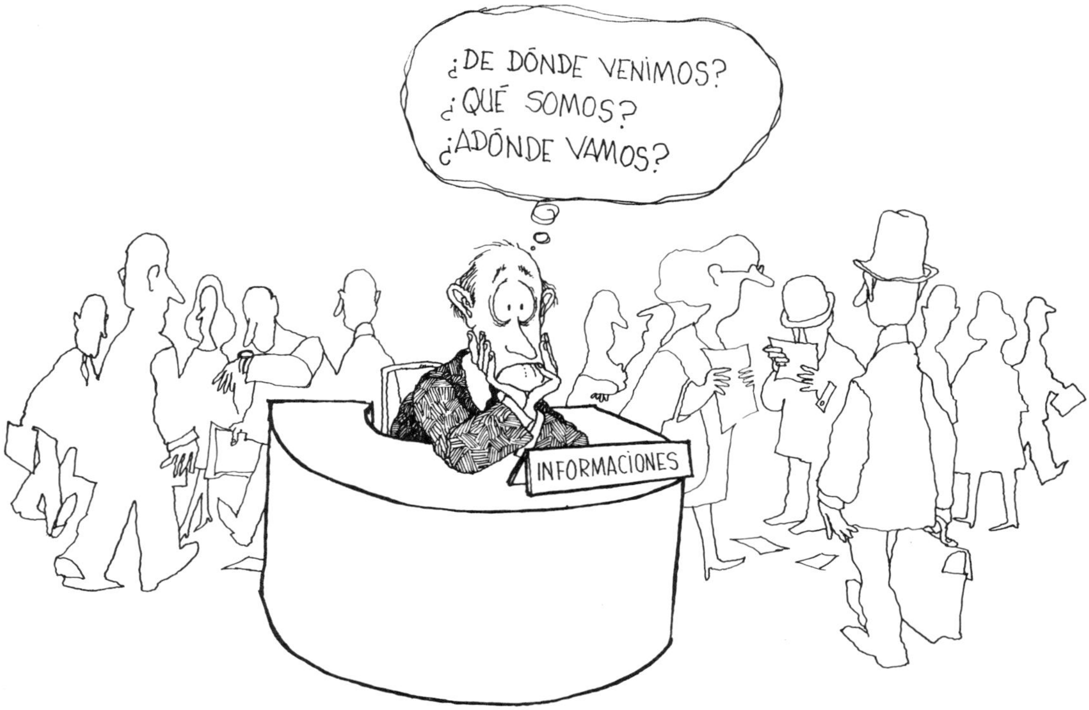
¿DE DÓNDE VENIMOS?
¿QUÉ SOMOS?
¿ADÓNDE VAMOS?
INFORMACIONES

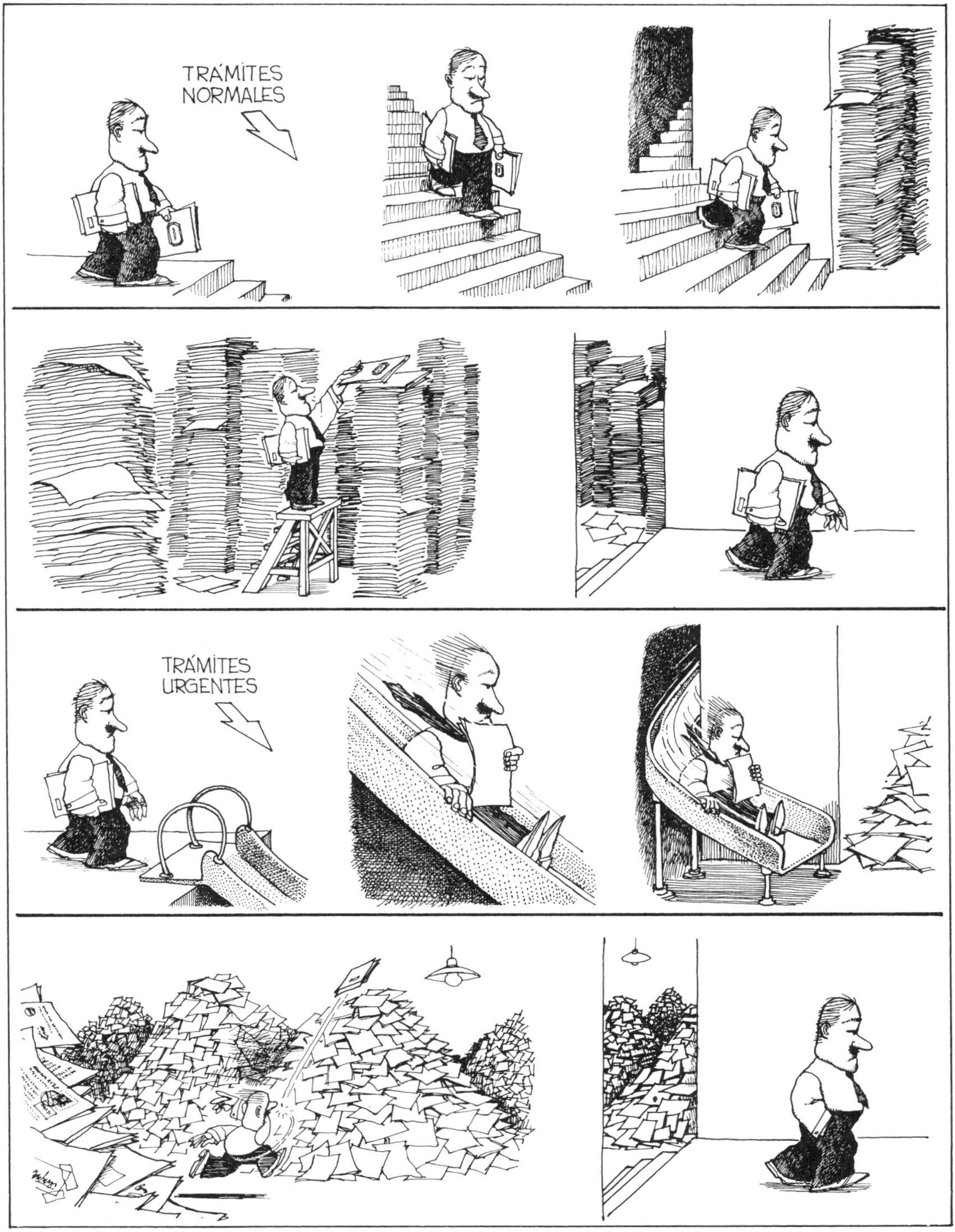
TRÁMITES NORMALES
TRÁMITES URGENTES

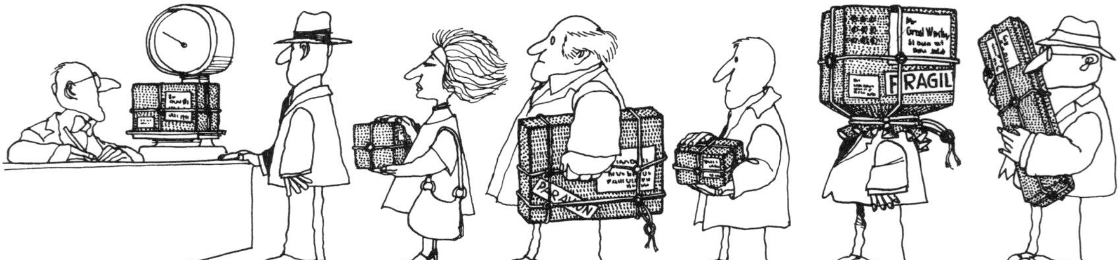
FRAGIL

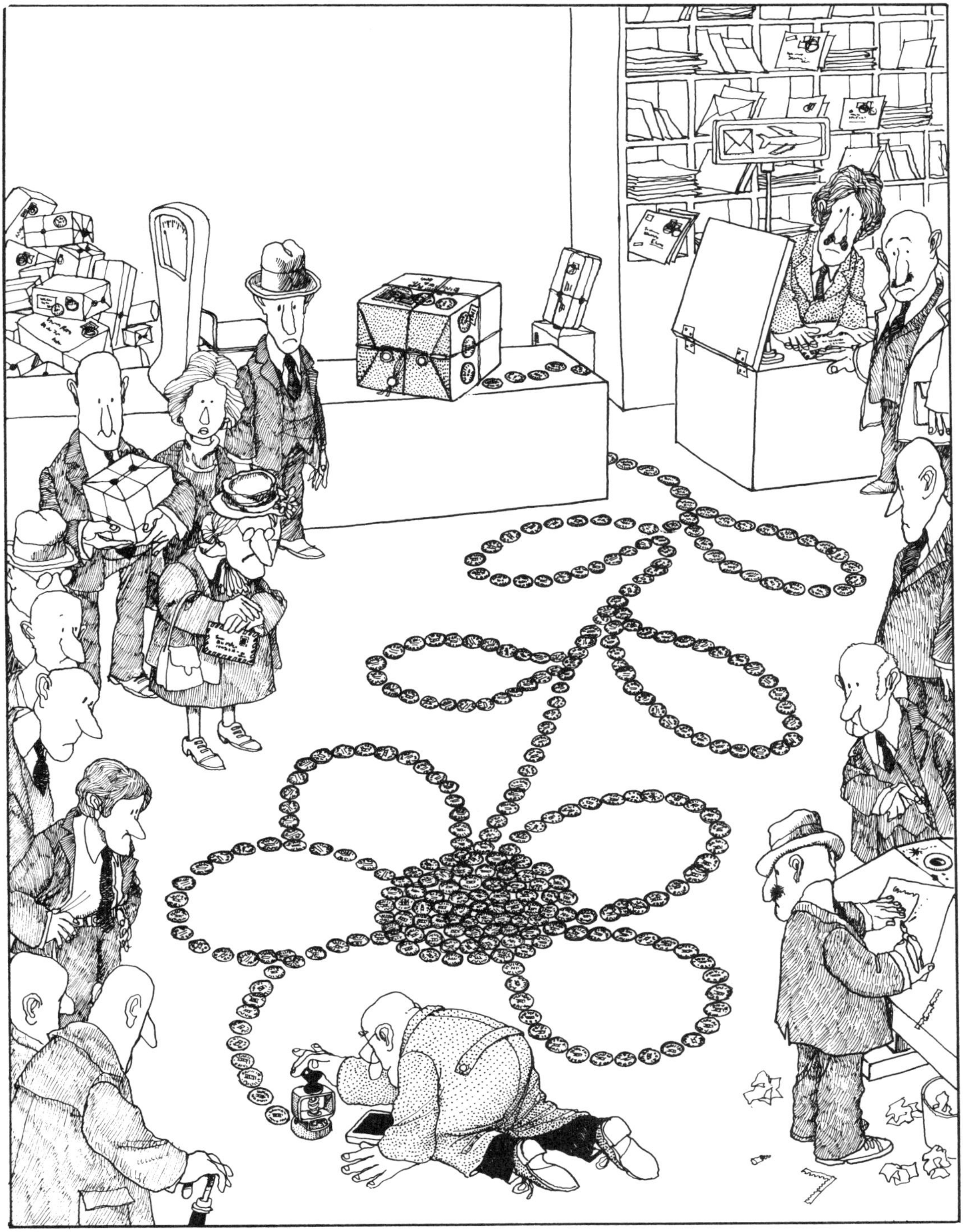

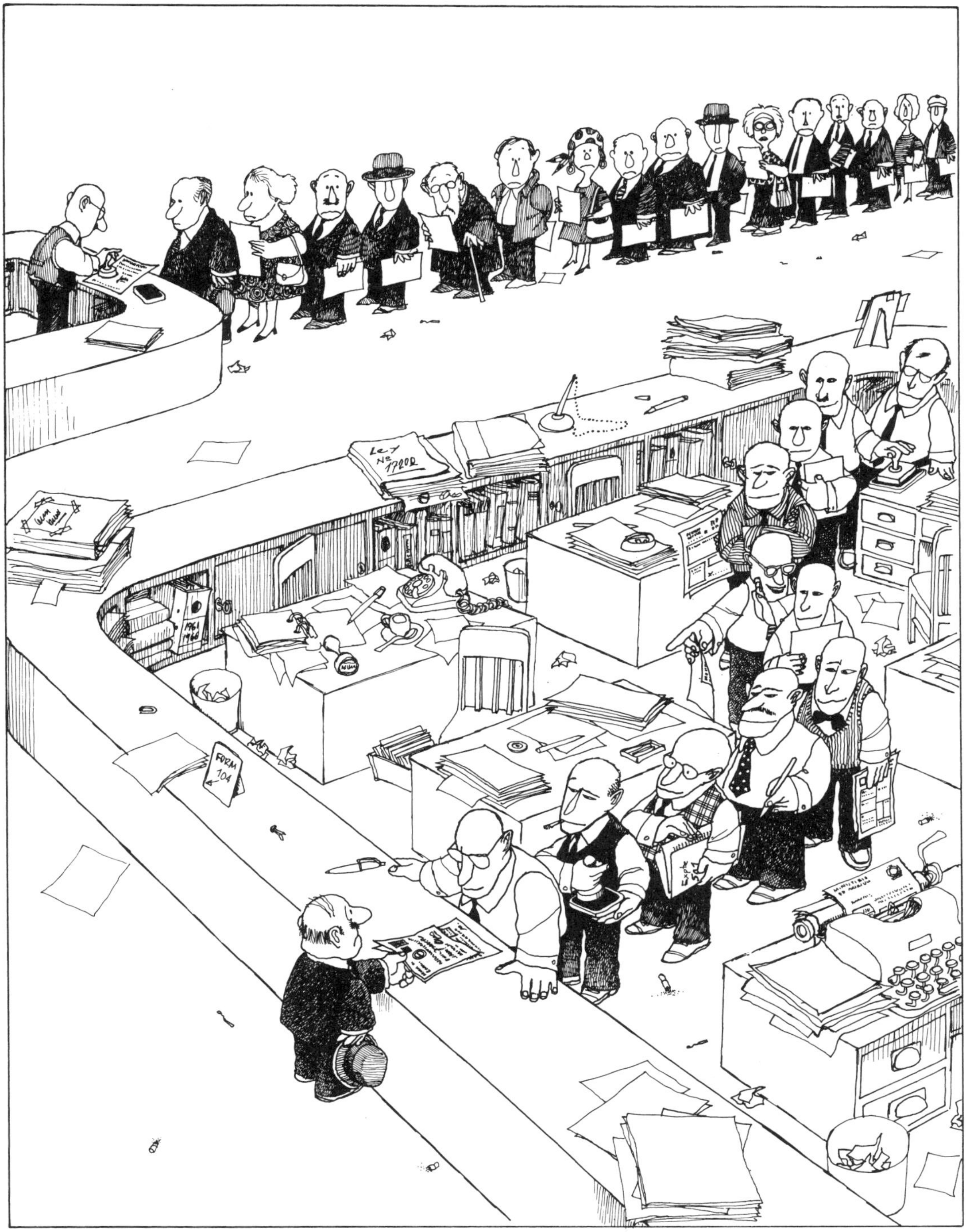
Ley Nº
1961
1966
FORM
104

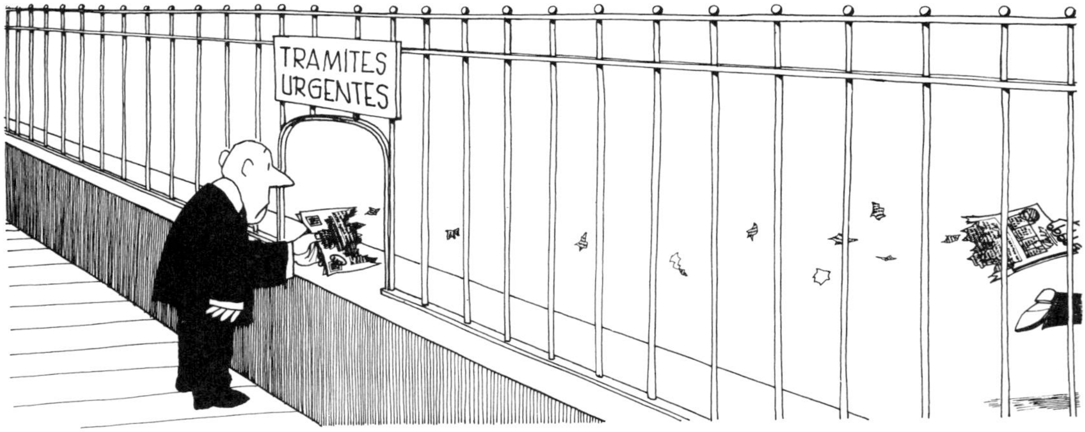
TRAMITES
URGENTES

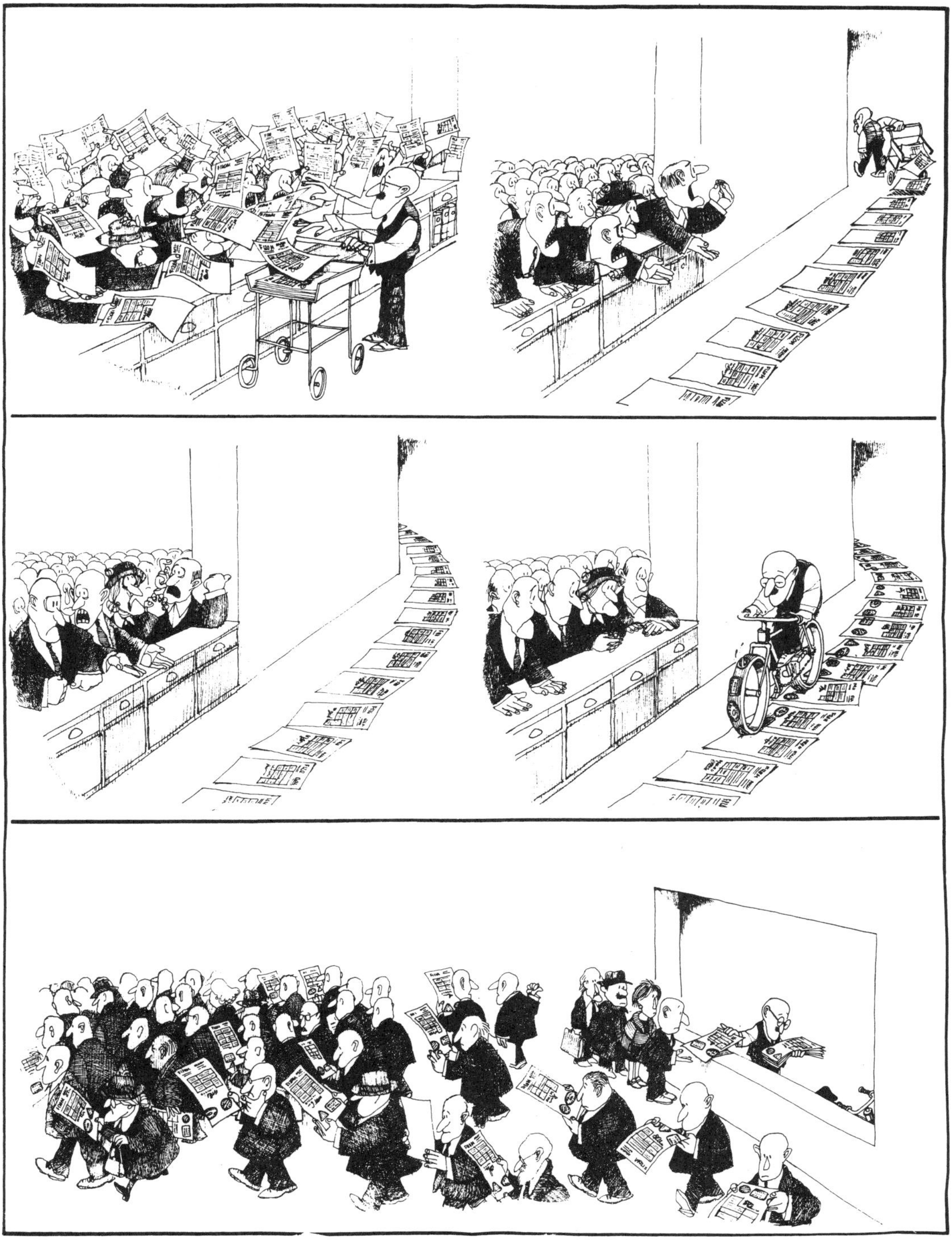

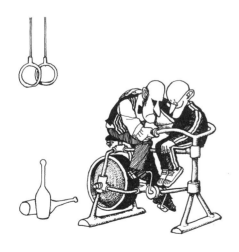

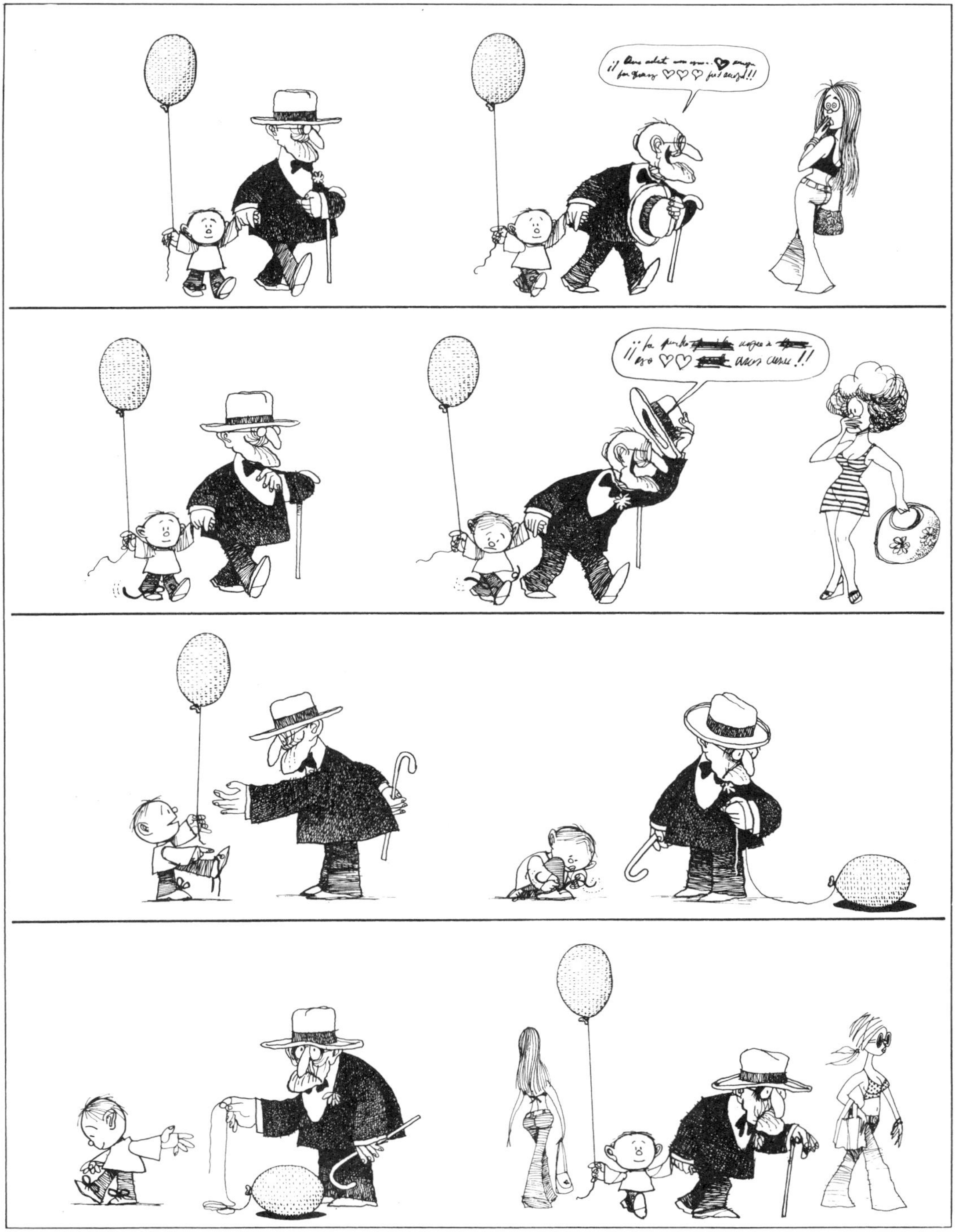

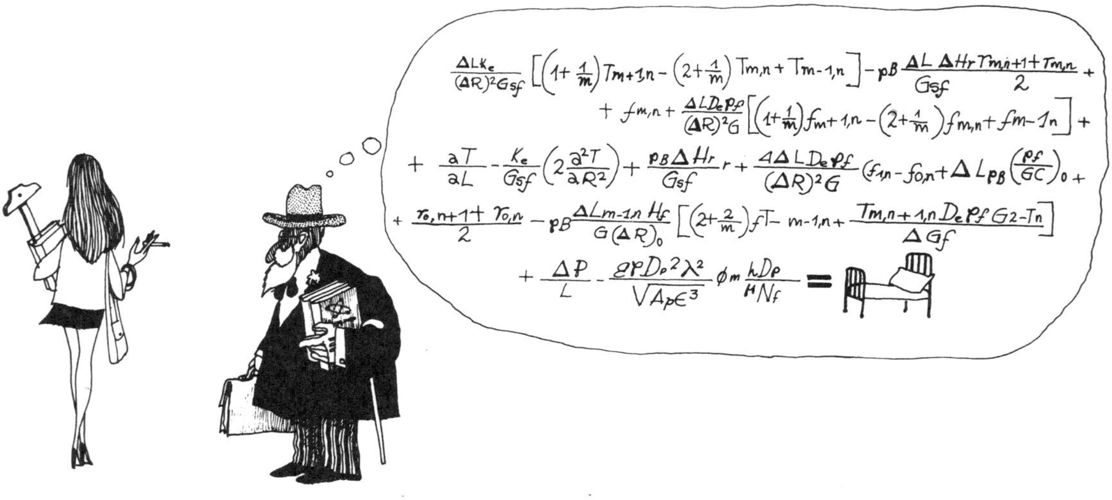

$$\frac{\Delta L K_e}{(\Delta R)^2 G_{sf}}\left[\left(1+\frac{1}{m}\right)T_{m+1,n}-\left(2+\frac{1}{m}\right)T_{m,n}+T_{m-1,n}\right]-p_B\frac{\Delta L}{G_{sf}}\Delta H_r\frac{T_{m,n+1}+T_{m,n}}{2}+$$

$$+f_{m,n}+\frac{\Delta L D_e p_f}{(\Delta R)^2 G}\left[\left(1+\frac{1}{m}\right)f_{m+1,n}-\left(2+\frac{1}{m}\right)f_{m,n}+f_{m-1,n}\right]+$$

$$+\frac{\partial T}{\partial L}-\frac{K_e}{G_{sf}}\left(2\frac{\partial^2 T}{\partial R^2}\right)+\frac{p_B\Delta H_r}{G_{sf}}r+\frac{\Delta\Delta L D_e p_f}{(\Delta R)^2 G}(f_{1n}-f_{0,n}+\Delta L_{PB}\left(\frac{p_f}{GC}\right)_0+$$

$$+\frac{r_{0,n+1}+r_{0,n}}{2}-p_B\frac{\Delta L_{m-1n}H_f}{G(\Delta R)_0}\left[\left(2+\frac{2}{m}\right)f\right]-_{m-1,n}+\frac{T_{m,n+1,n}D_e p_f G_{2-Tn}}{\Delta G f}\right]$$

$$+\frac{\Delta P}{L}-\frac{g p D_p^2\lambda^2}{\sqrt{A_p}\epsilon^3}\phi_m\frac{hD_p}{HN_f}=$$

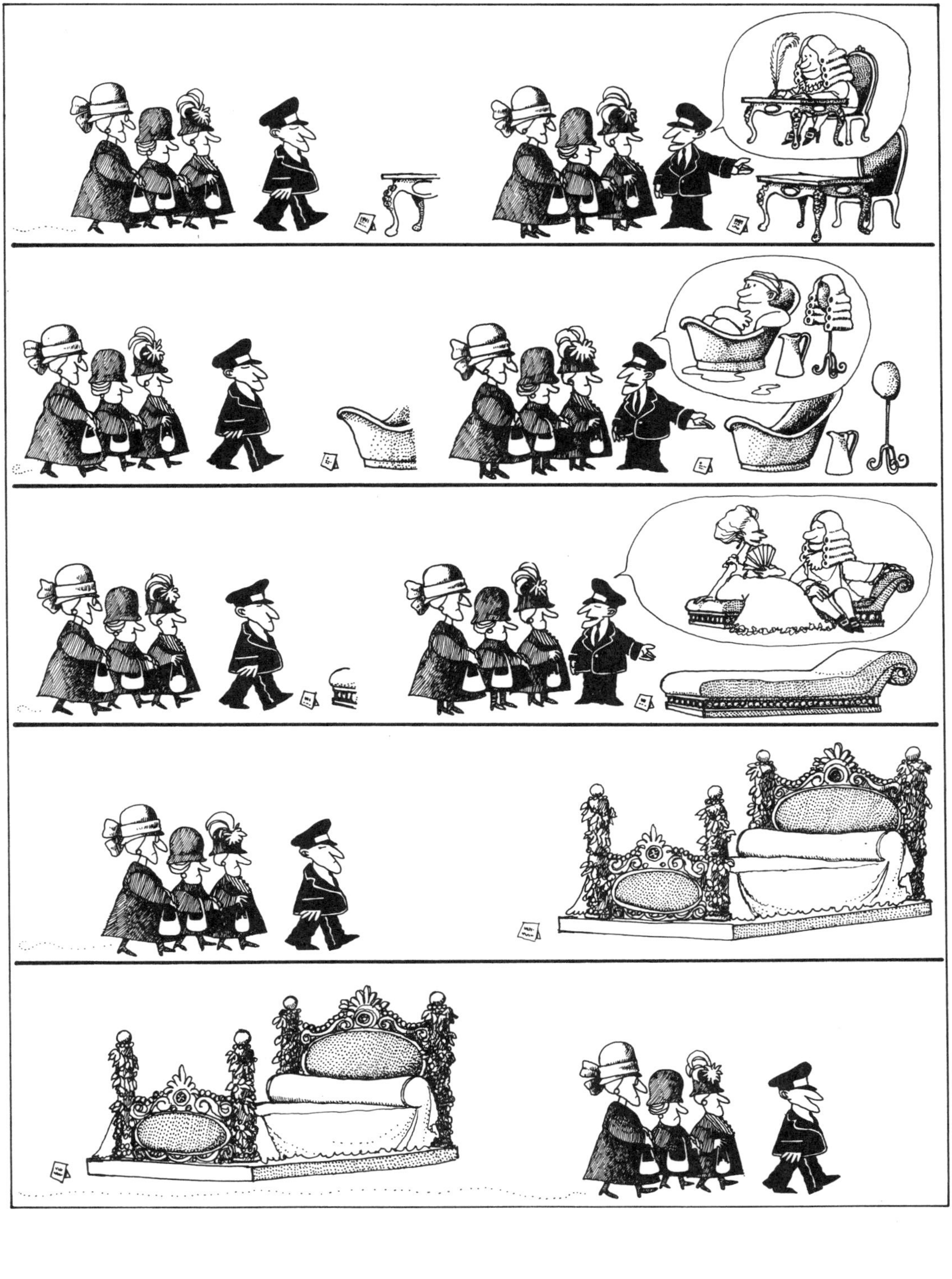

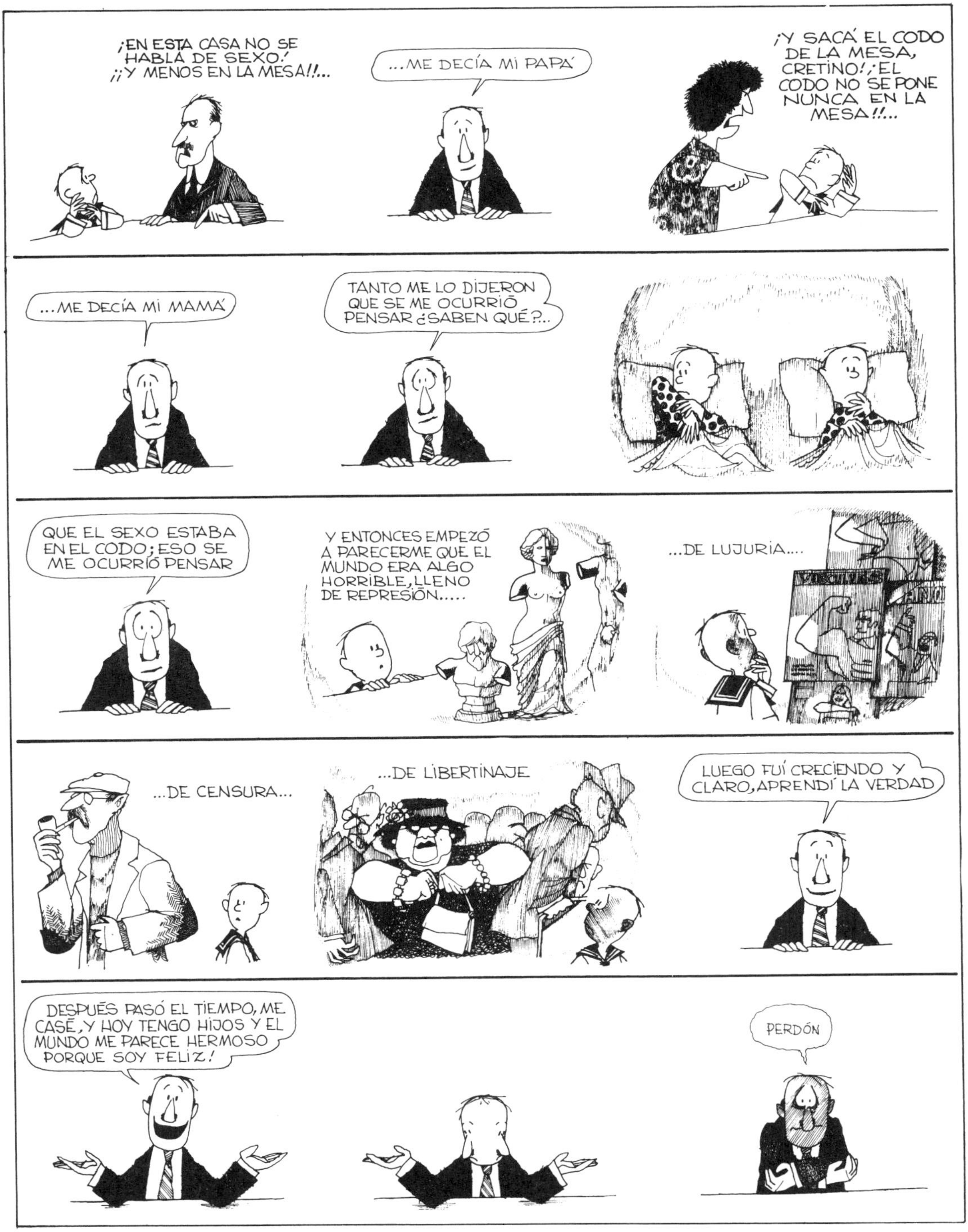
¡EN ESTA CASA NO SE HABLA DE SEXO! ¡¡Y MENOS EN LA MESA!!...
...ME DECÍA MI PAPÁ
¡Y SACÁ EL CODO DE LA MESA, CRETINO! ¡EL CODO NO SE PONE NUNCA EN LA MESA!!...
...ME DECÍA MI MAMÁ
TANTO ME LO DIJERON QUE SE ME OCURRIÓ PENSAR ¿SABEN QUÉ?...
QUE EL SEXO ESTABA EN EL CODO; ESO SE ME OCURRIÓ PENSAR
Y ENTONCES EMPEZÓ A PARECERME QUE EL MUNDO ERA ALGO HORRIBLE, LLENO DE REPRESIÓN.....
...DE LUJURIA....
...DE CENSURA...
...DE LIBERTINAJE
LUEGO FUÍ CRECIENDO Y CLARO, APRENDÍ LA VERDAD
DESPUÉS PASÓ EL TIEMPO, ME CASÉ, Y HOY TENGO HIJOS Y EL MUNDO ME PARECE HERMOSO PORQUE SOY FELIZ!
PERDÓN

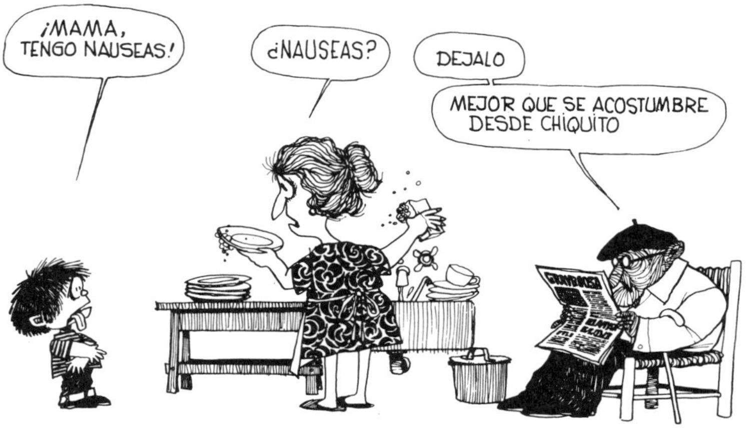
¡MAMA, TENGO NAUSEAS!
¿NAUSEAS?
DEJALO
MEJOR QUE SE ACOSTUMBRE DESDE CHIQUITO

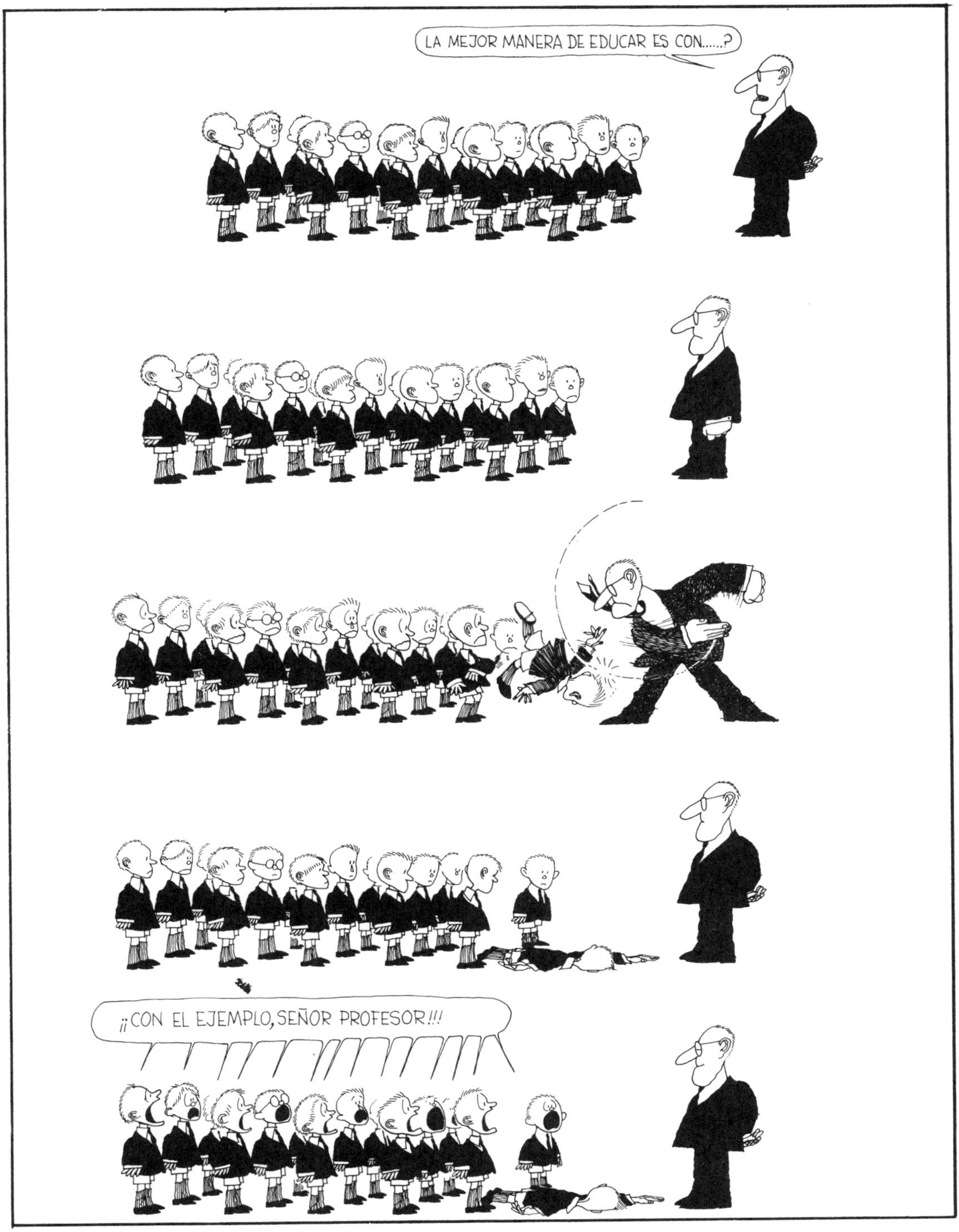
LA MEJOR MANERA DE EDUCAR ES CON.....?
¡¡CON EL EJEMPLO, SEÑOR PROFESOR!!!

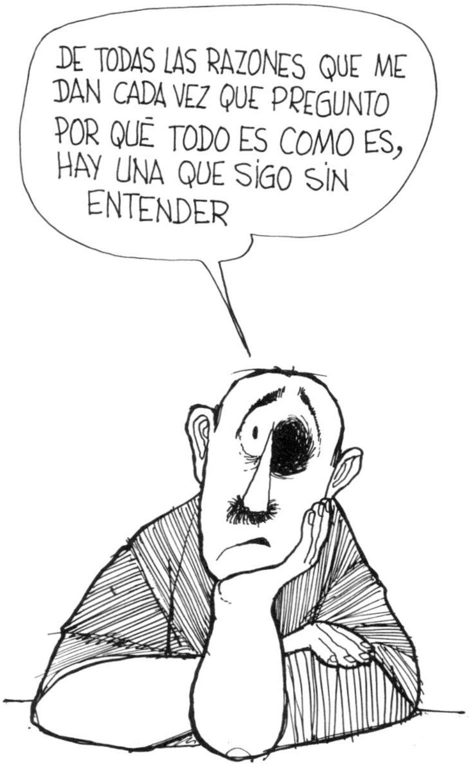
DE TODAS LAS RAZONES QUE ME DAN CADA VEZ QUE PREGUNTO POR QUÉ TODO ES COMO ES, HAY UNA QUE SIGO SIN ENTENDER

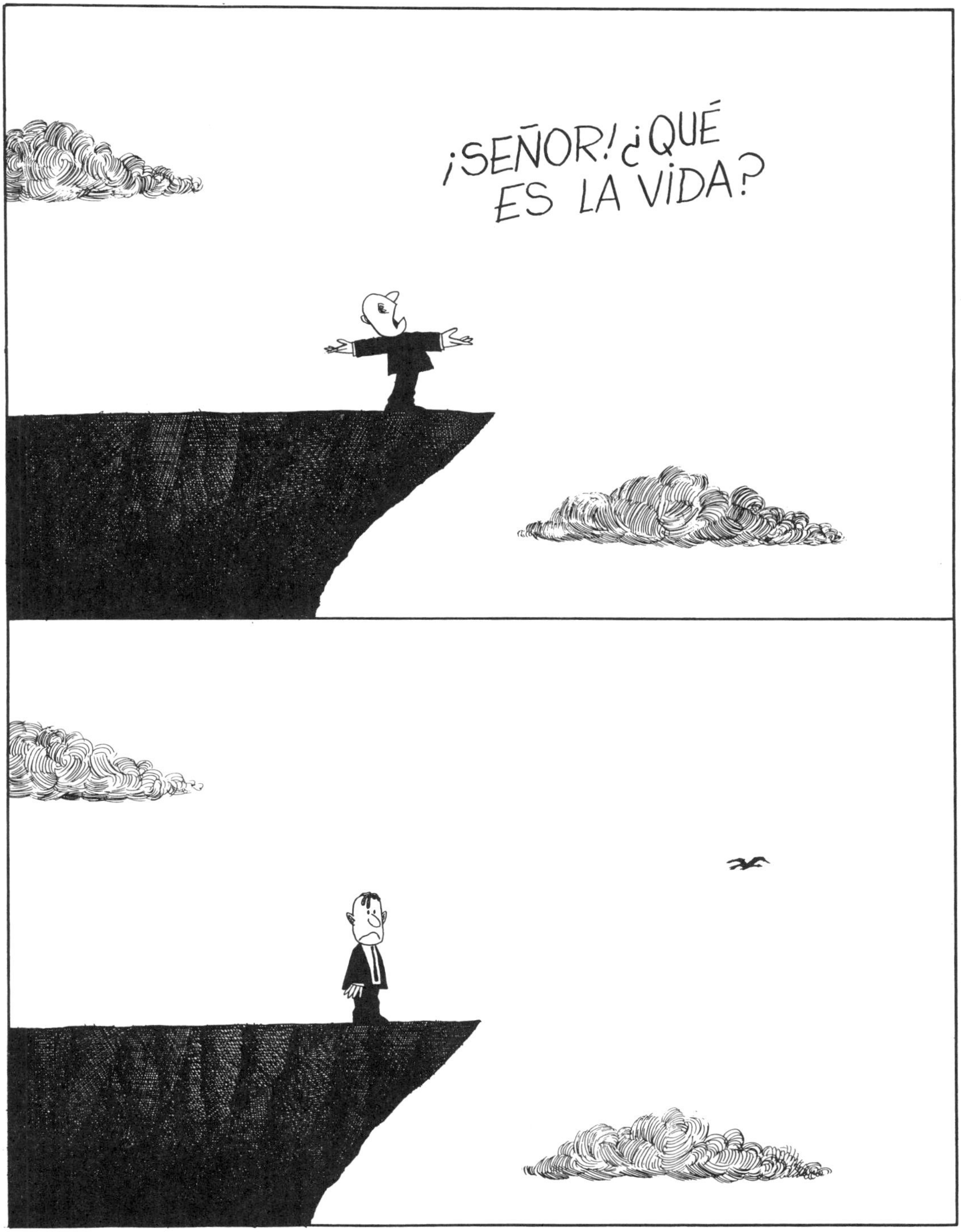
¡SEÑOR! ¿QUÉ ES LA VIDA?

ALGÚN DÍA, HIJO MÍO,
TODO ESTO SERÁ TUYO

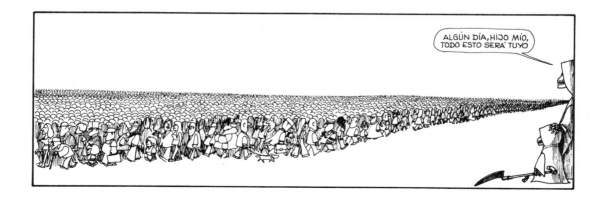

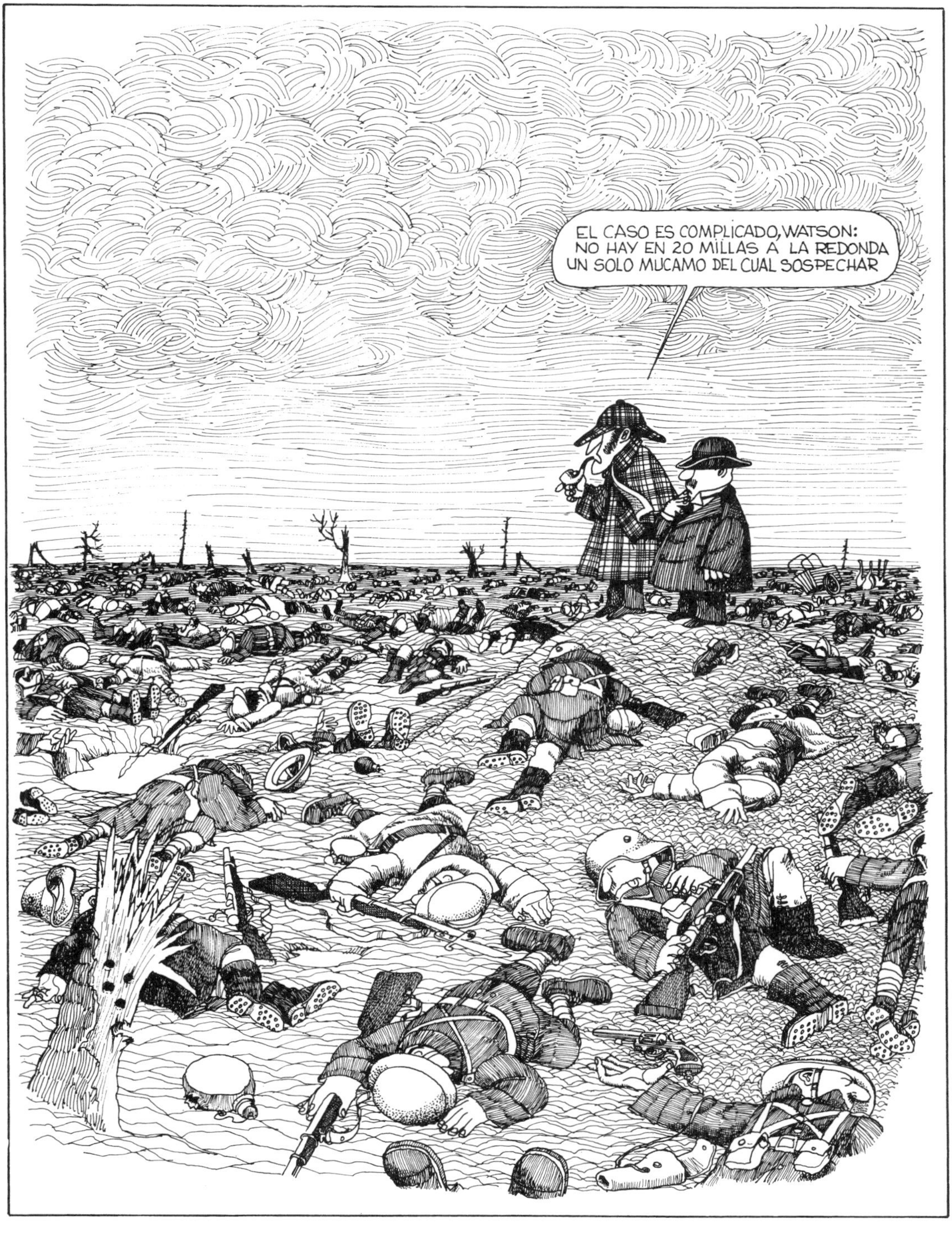
EL CASO ES COMPLICADO, WATSON: NO HAY EN 20 MILLAS A LA REDONDA UN SOLO MUCAMO DEL CUAL SOSPECHAR

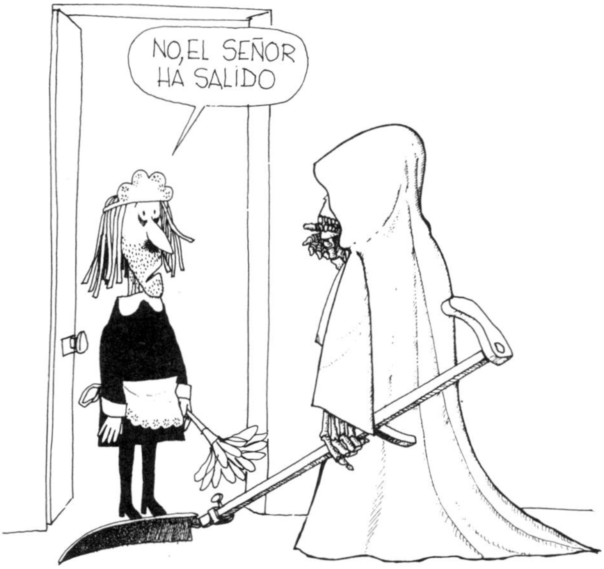
NO, EL SEÑOR HA SALIDO

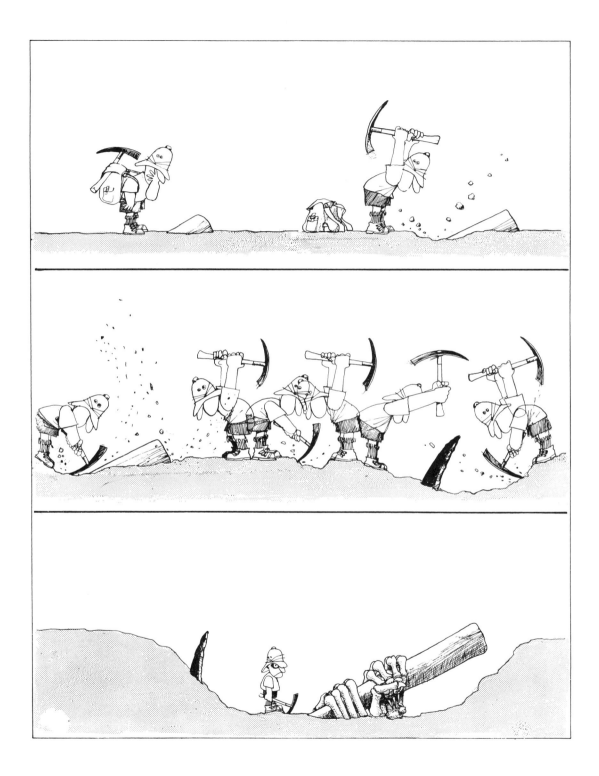

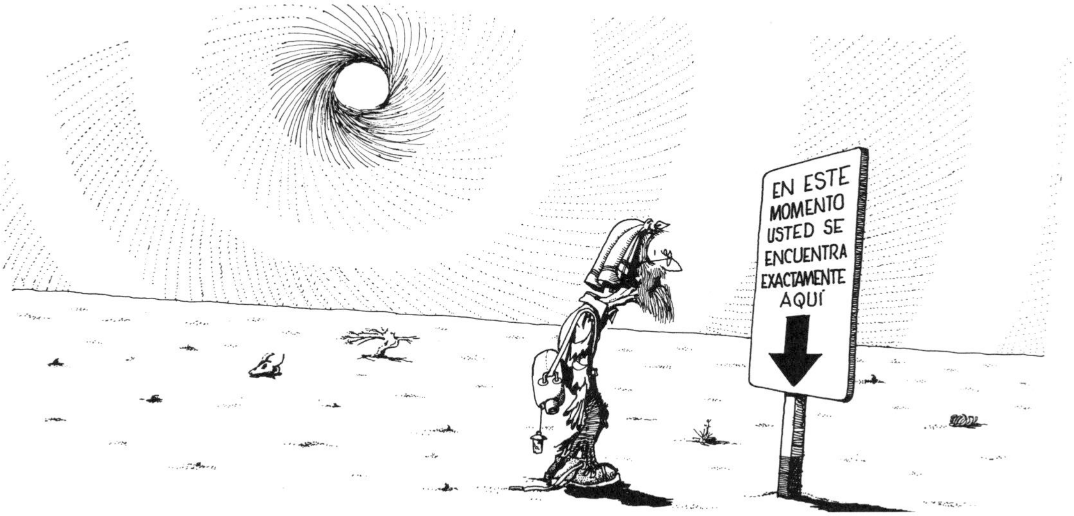
EN ESTE
MOMENTO
USTED SE
ENCUENTRA
EXACTAMENTE
AQUÍ

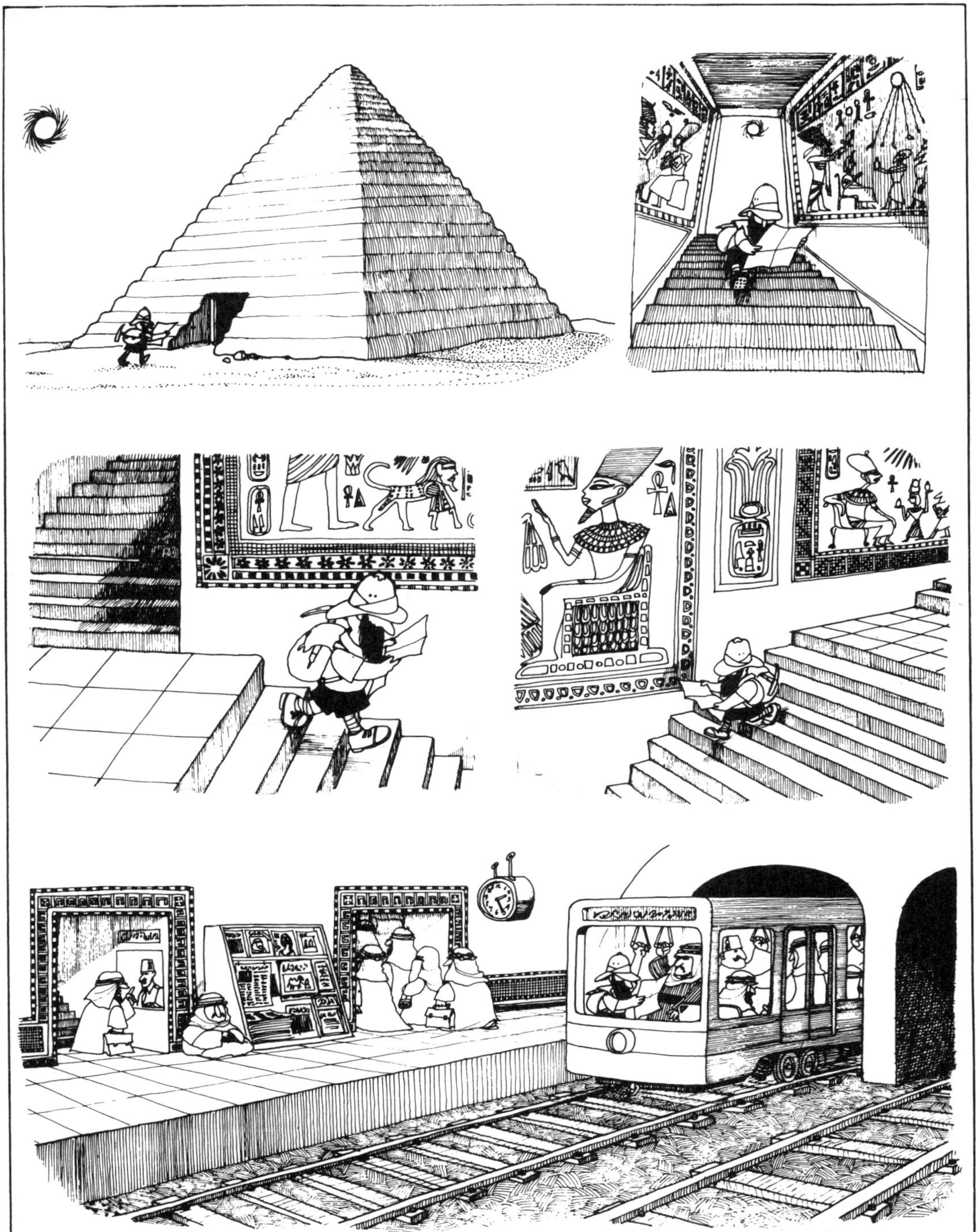

MADE IN JAPAN

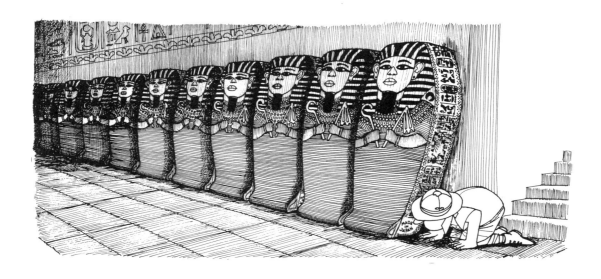

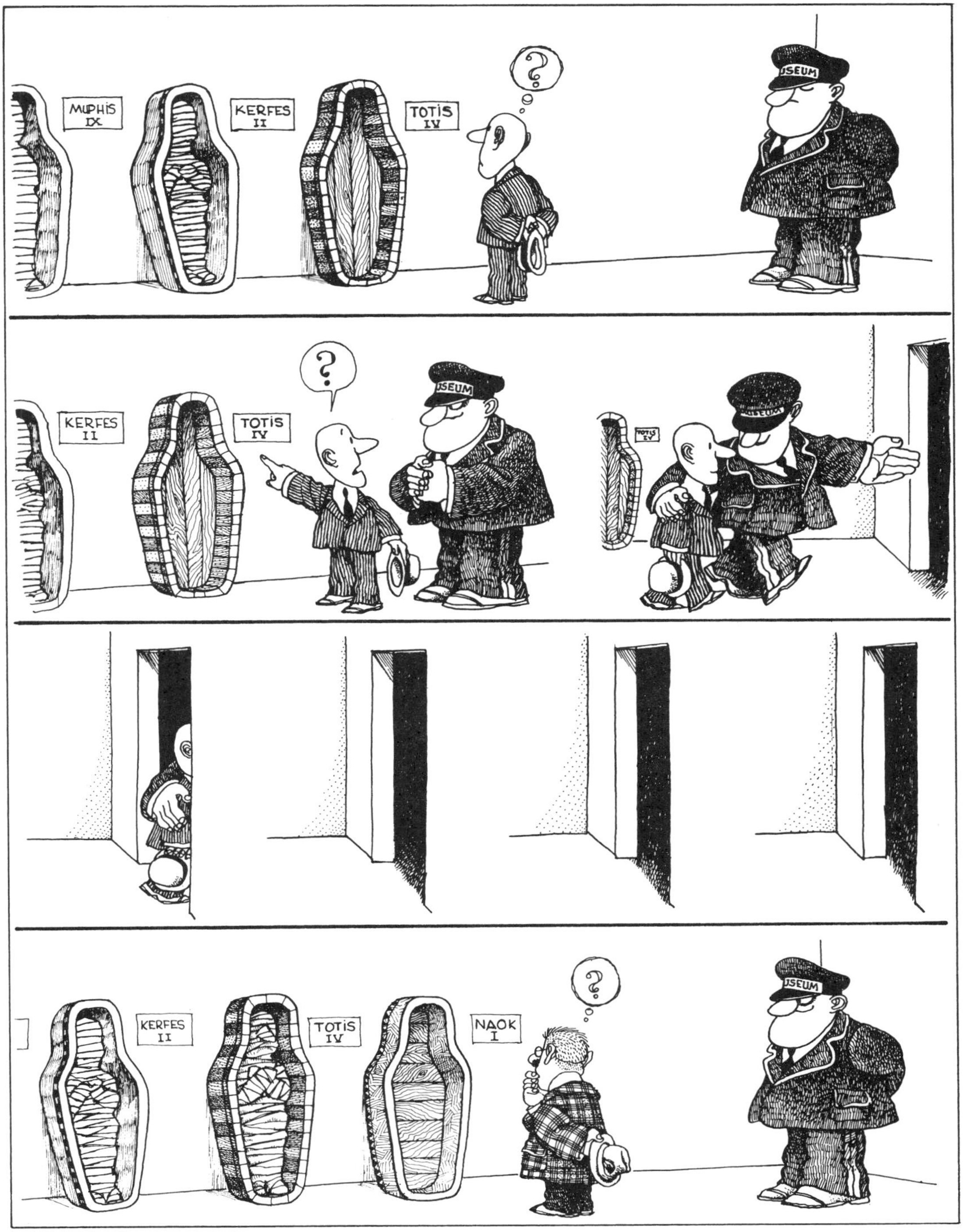
MUPHIS IX
KERFES II
TOTIS IV
?
USEUM
?
USEUM
KERFES II
TOTIS IV
USEUM
TOTIS IV
KERFES II
TOTIS IV
NAOK I
?
USEUM

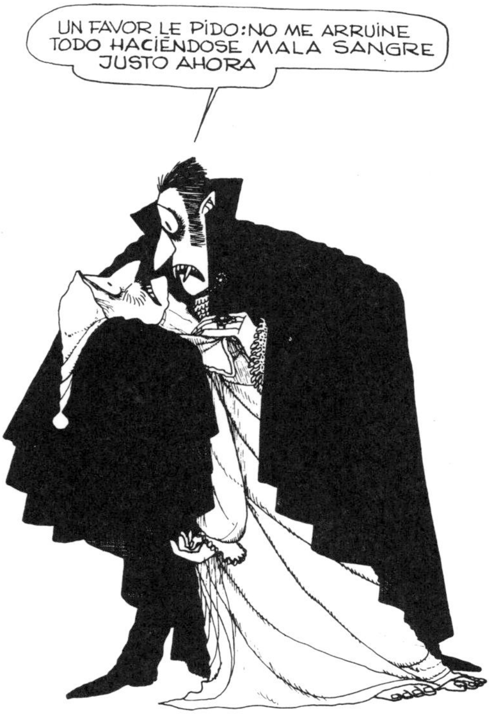
UN FAVOR LE PIDO: NO ME ARRUINE TODO HACIENDOSE MALA SANGRE JUSTO AHORA

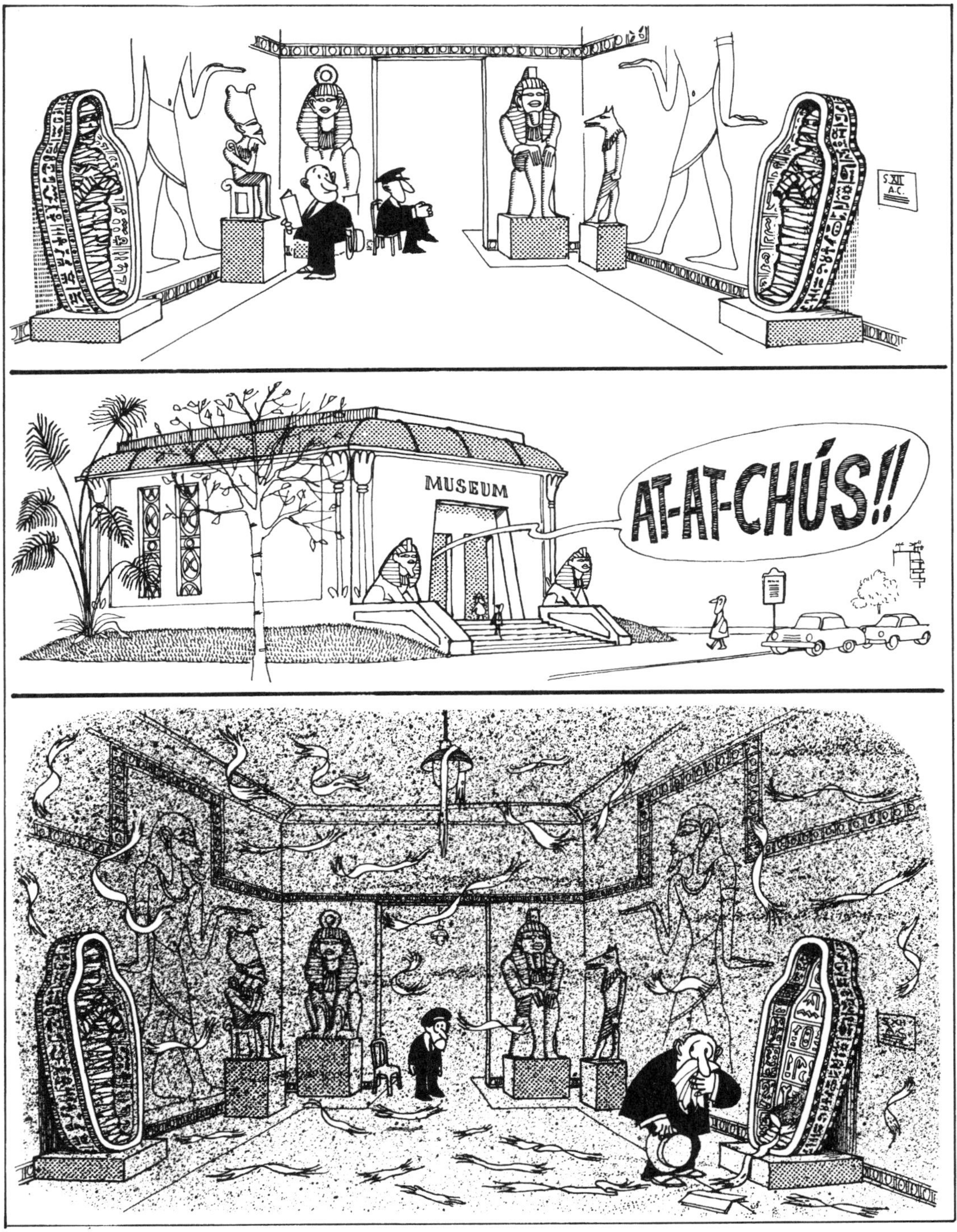
S.XII
A.C.
MUSEUM
AT-AT-CHÚS!!

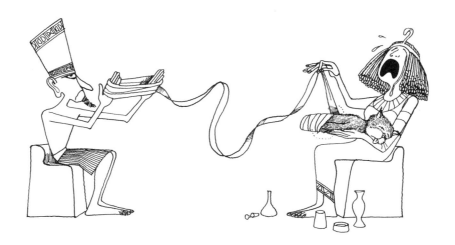

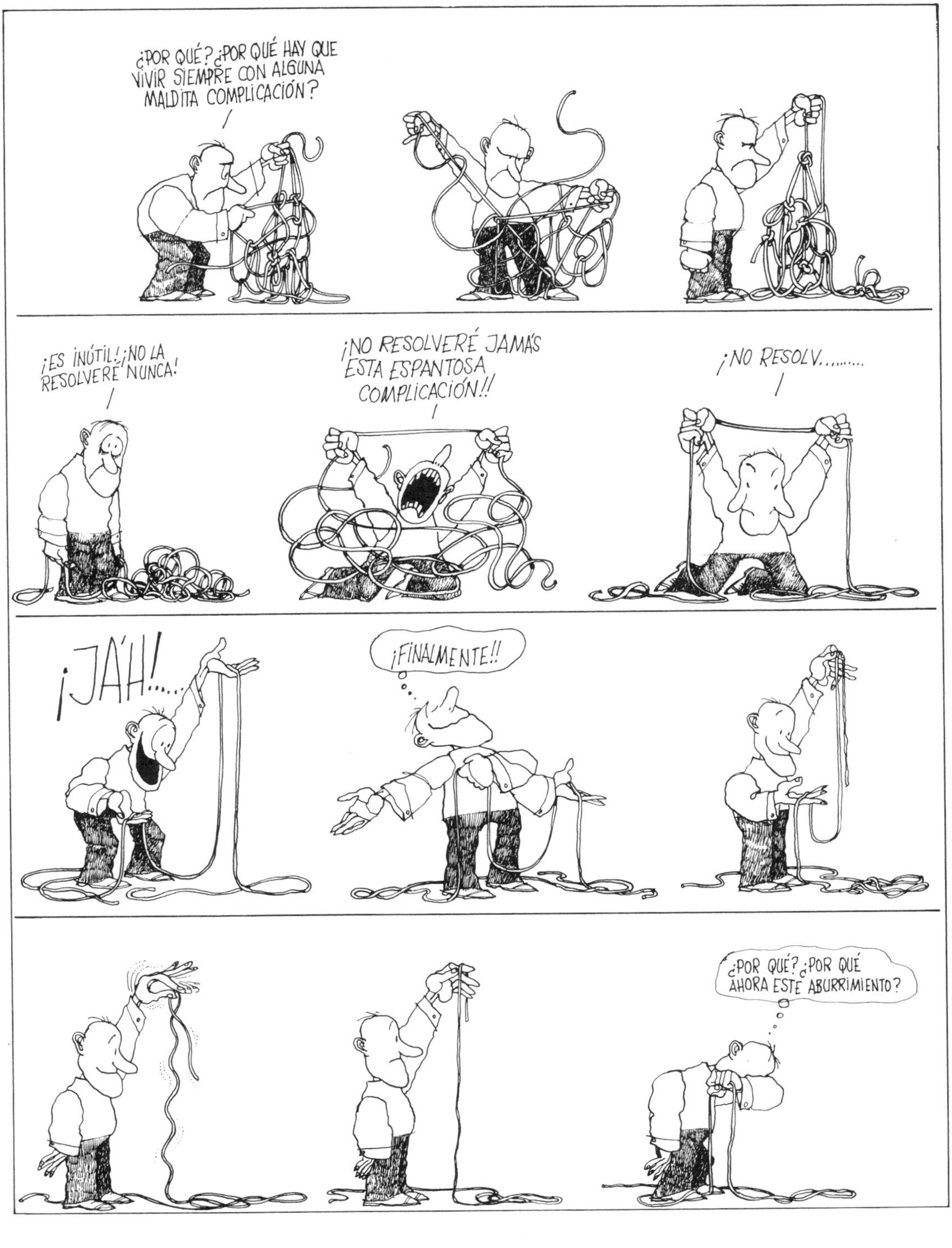
¿POR QUÉ? ¿POR QUÉ HAY QUE VIVIR SIEMPRE CON ALGUNA MALDITA COMPLICACIÓN?
¡ES INÚTIL! ¡NO LA RESOLVERÉ NUNCA!
¡NO RESOLVERÉ JAMÁS ESTA ESPANTOSA COMPLICACIÓN!!
¡NO RESOLV.........
¡JÁH!.....
¡FINALMENTE!!
¿POR QUÉ? ¿POR QUÉ AHORA ESTE ABURRIMIENTO?

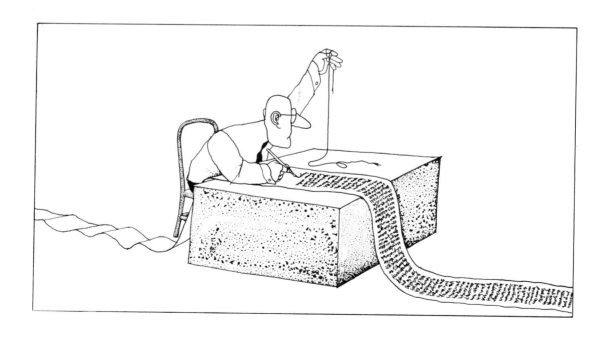

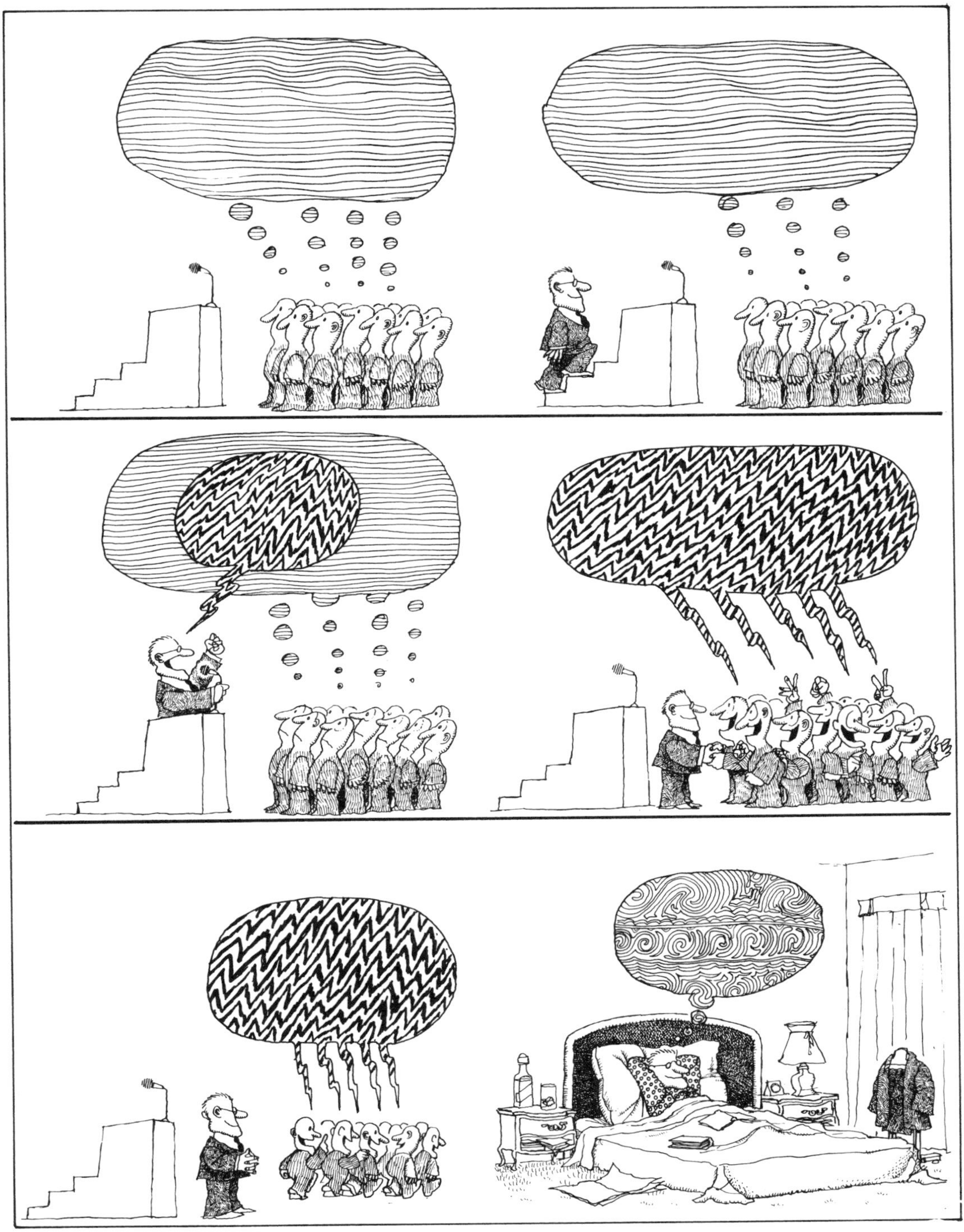

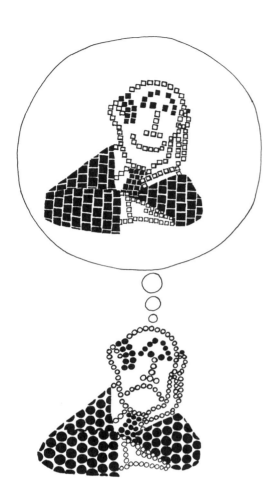

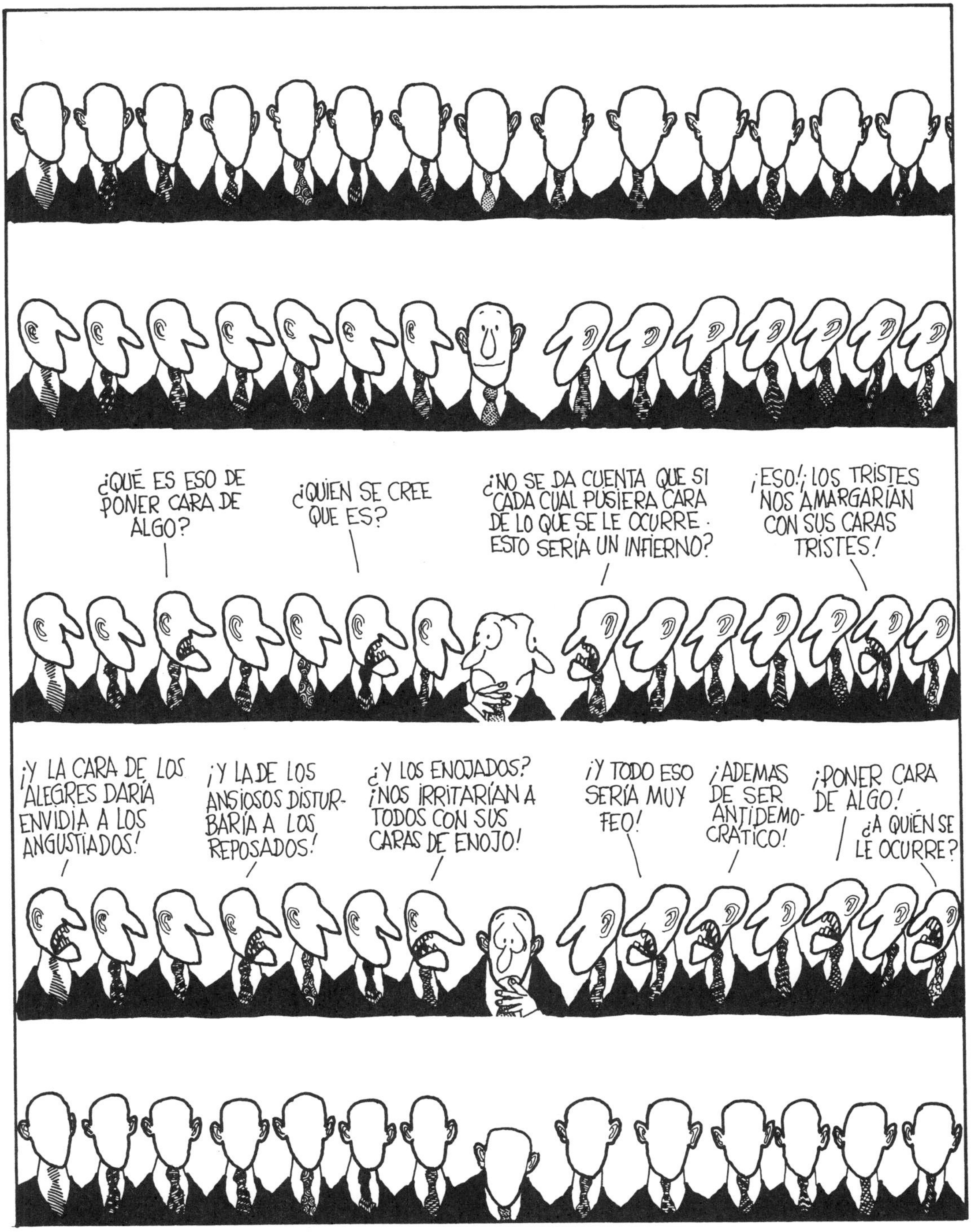
¿QUÉ ES ESO DE PONER CARA DE ALGO?
¿QUIEN SE CREE QUE ES?
¿NO SE DA CUENTA QUE SI CADA CUAL PUSIERA CARA DE LO QUE SE LE OCURRE. ESTO SERÍA UN INFIERNO?
¡ESO! ¡LOS TRISTES NOS AMARGARÍAN CON SUS CARAS TRISTES!
¡Y LA CARA DE LOS ALEGRES DARÍA ENVIDIA A LOS ANGUSTIADOS!
¡Y LA DE LOS ANSIOSOS DISTURBARÍA A LOS REPOSADOS!
¿Y LOS ENOJADOS? ¡NOS IRRITARÍAN A TODOS CON SUS CARAS DE ENOJO!
¡Y TODO ESO SERÍA MUY FEO!
¡ADEMAS DE SER ANTIDEMOCRATICO!
¡PONER CARA DE ALGO!
¿A QUIÉN SE LE OCURRE?

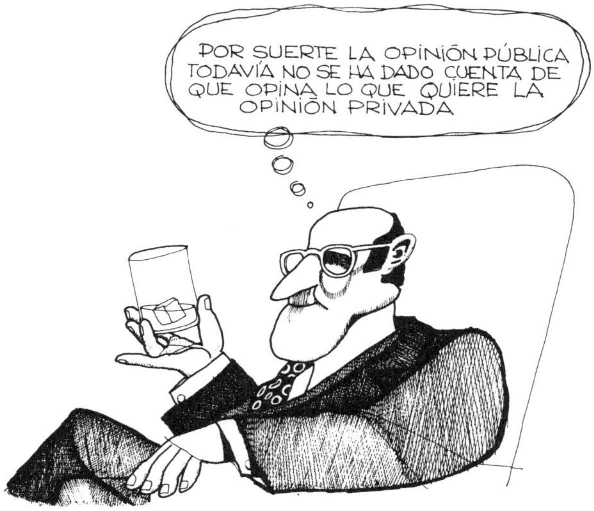
POR SUERTE LA OPINIÓN PÚBLICA TODAVÍA NO SE HA DADO CUENTA DE QUE OPINA LO QUE QUIERE LA OPINIÓN PRIVADA

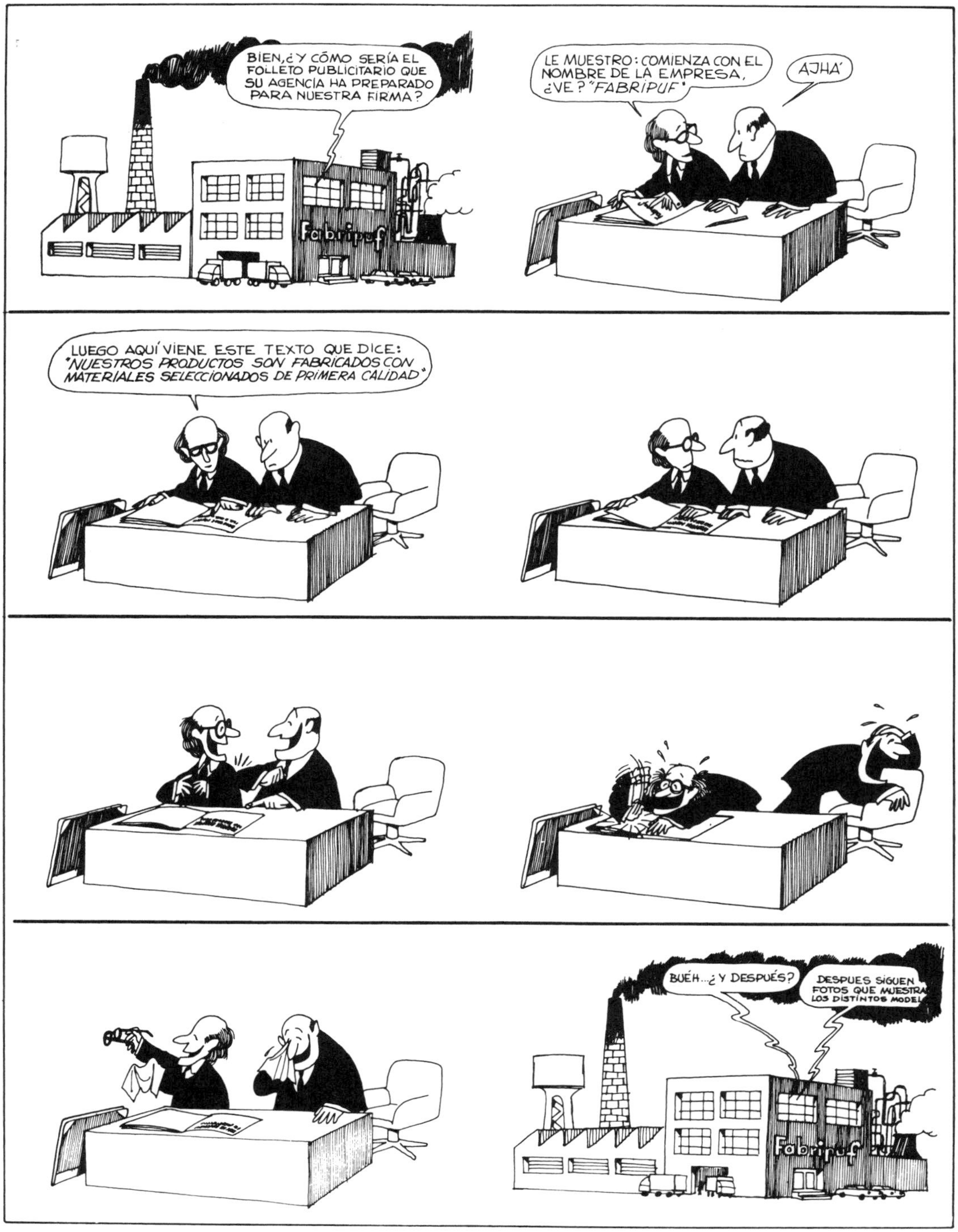
BIEN, ¿Y CÓMO SERÍA EL FOLLETO PUBLICITARIO QUE SU AGENCIA HA PREPARADO PARA NUESTRA FIRMA?
Fabripuf
LE MUESTRO: COMIENZA CON EL NOMBRE DE LA EMPRESA, ¿VE? "FABRIPUF"
AJHÁ
LUEGO AQUÍ VIENE ESTE TEXTO QUE DICE: "NUESTROS PRODUCTOS SON FABRICADOS CON MATERIALES SELECCIONADOS DE PRIMERA CALIDAD"
BUÉH... ¿Y DESPUÉS?
DESPUES SIGUEN FOTOS QUE MUESTRA LOS DISTINTOS MODEL
Fabripuf

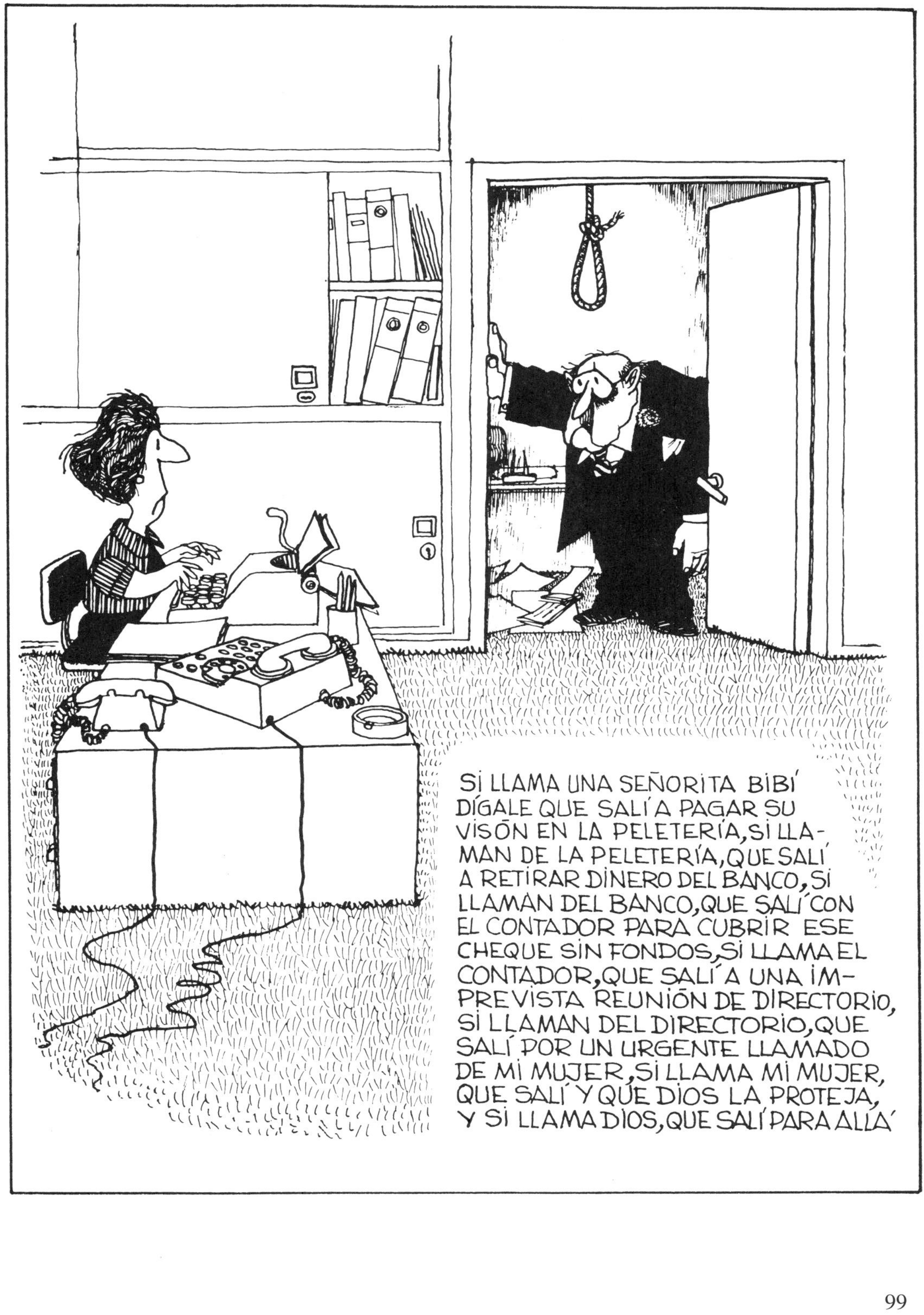
SI LLAMA UNA SEÑORITA BIBÍ DÍGALE QUE SALÍ A PAGAR SU VISÓN EN LA PELETERÍA, SI LLAMAN DE LA PELETERÍA, QUE SALÍ A RETIRAR DINERO DEL BANCO, SI LLAMAN DEL BANCO, QUE SALÍ CON EL CONTADOR PARA CUBRIR ESE CHEQUE SIN FONDOS, SI LLAMA EL CONTADOR, QUE SALÍ A UNA IMPREVISTA REUNIÓN DE DIRECTORIO, SI LLAMAN DEL DIRECTORIO, QUE SALÍ POR UN URGENTE LLAMADO DE MI MUJER, SI LLAMA MI MUJER, QUE SALÍ Y QUE DIOS LA PROTEJA, Y SI LLAMA DIOS, QUE SALÍ PARA ALLÁ

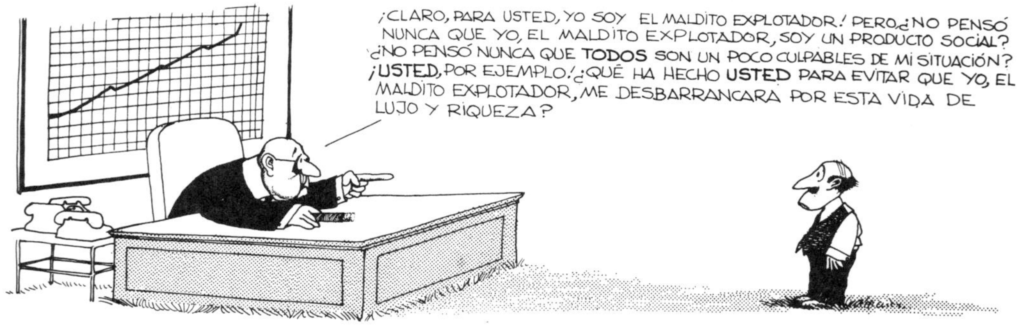
¡CLARO, PARA USTED, YO SOY EL MALDITO EXPLOTADOR! PERO ¿NO PENSÓ NUNCA QUE YO, EL MALDITO EXPLOTADOR, SOY UN PRODUCTO SOCIAL? ¿NO PENSÓ NUNCA QUE TODOS SON UN POCO CULPABLES DE MI SITUACIÓN? ¡USTED, POR EJEMPLO! ¿QUÉ HA HECHO USTED PARA EVITAR QUE YO, EL MALDITO EXPLOTADOR, ME DESBARRANCARA POR ESTA VIDA DE LUJO Y RIQUEZA?

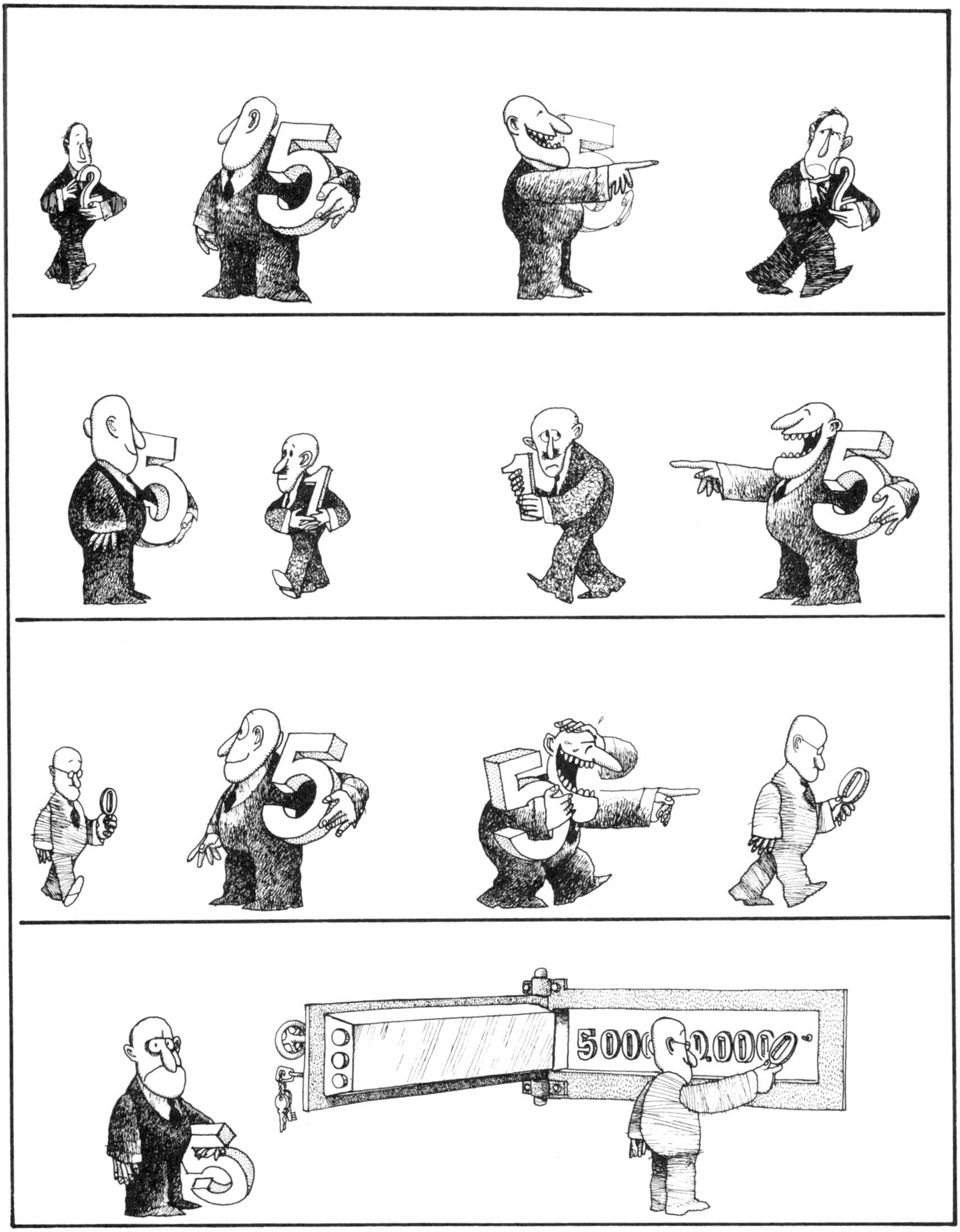

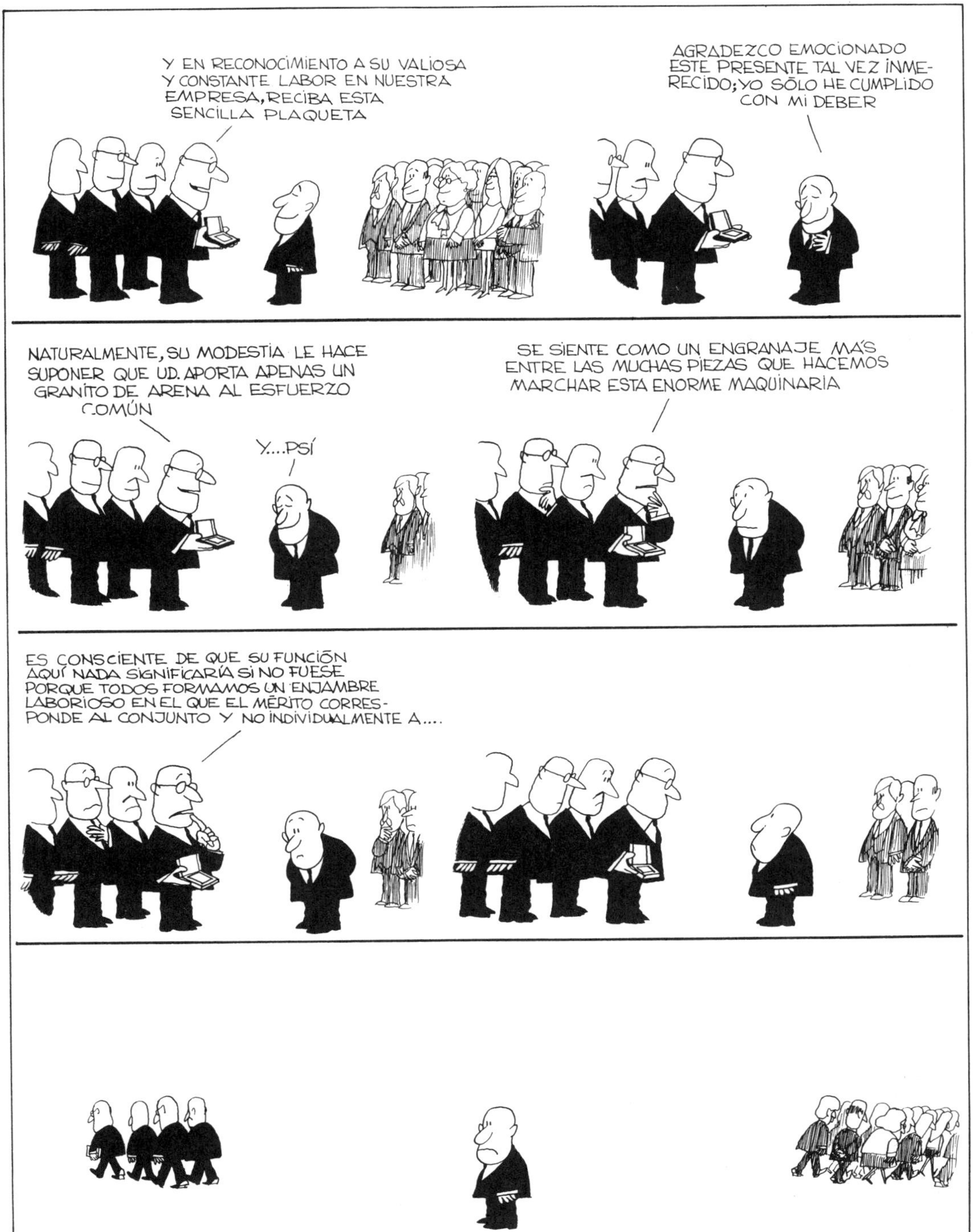
Y EN RECONOCIMIENTO A SU VALIOSA Y CONSTANTE LABOR EN NUESTRA EMPRESA, RECIBA ESTA SENCILLA PLAQUETA
AGRADEZCO EMOCIONADO ESTE PRESENTE TAL VEZ INMERECIDO; YO SÓLO HE CUMPLIDO CON MI DEBER
NATURALMENTE, SU MODESTIA LE HACE SUPONER QUE UD. APORTA APENAS UN GRANITO DE ARENA AL ESFUERZO COMÚN
Y...PSÍ
SE SIENTE COMO UN ENGRANAJE MÁS ENTRE LAS MUCHAS PIEZAS QUE HACEMOS MARCHAR ESTA ENORME MAQUINARIA
ES CONSCIENTE DE QUE SU FUNCIÓN AQUÍ NADA SIGNIFICARÍA SI NO FUESE PORQUE TODOS FORMAMOS UN ENJAMBRE LABORIOSO EN EL QUE EL MÉRITO CORRESPONDE AL CONJUNTO Y NO INDIVIDUALMENTE A....

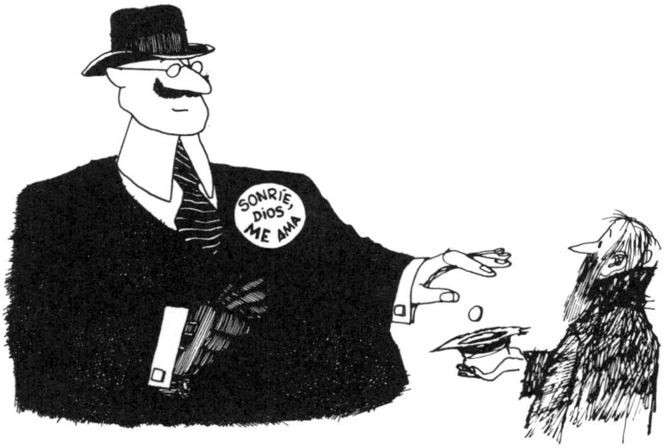
SONRÍE, DIOS ME AMA

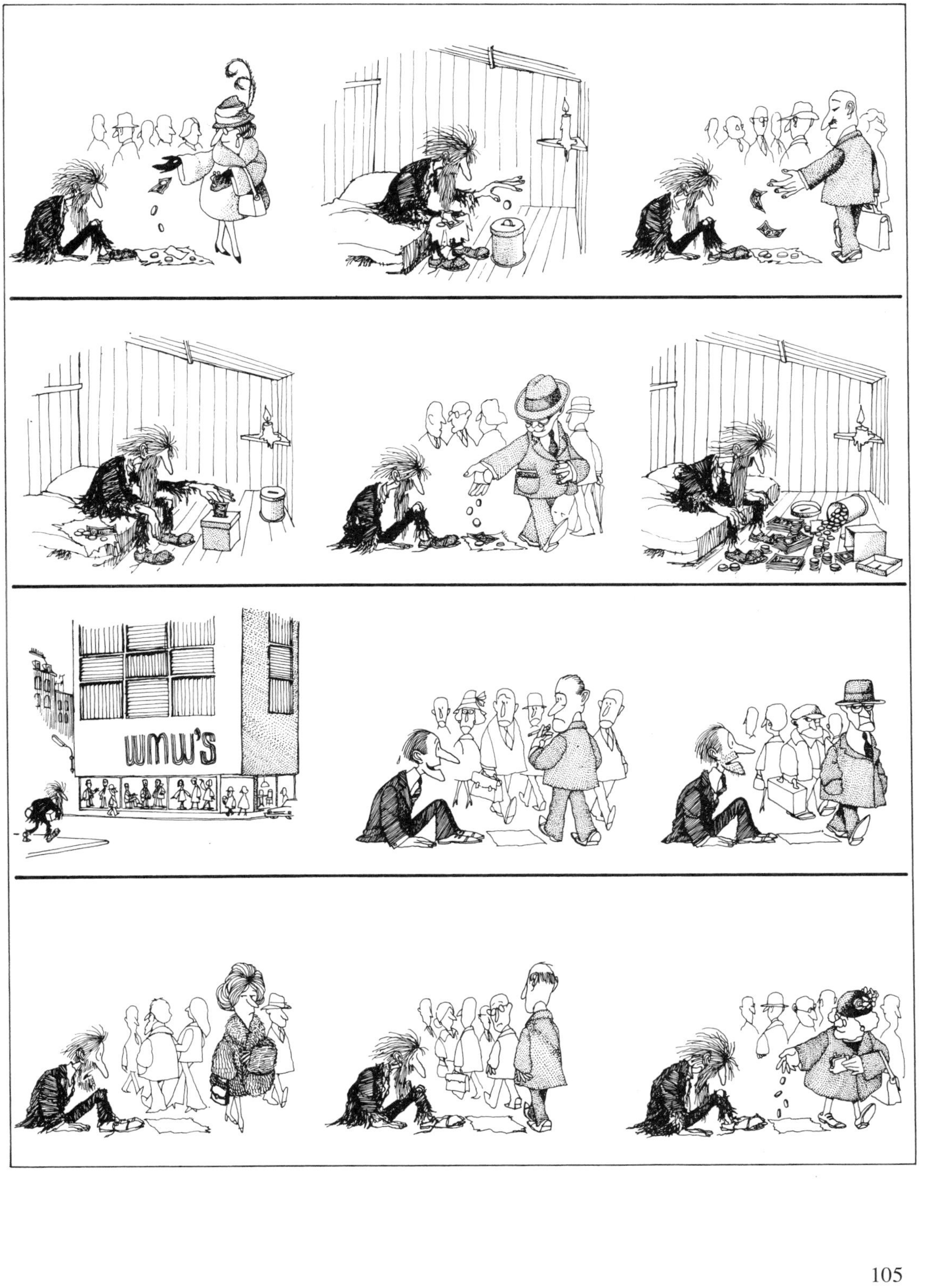
wmw's

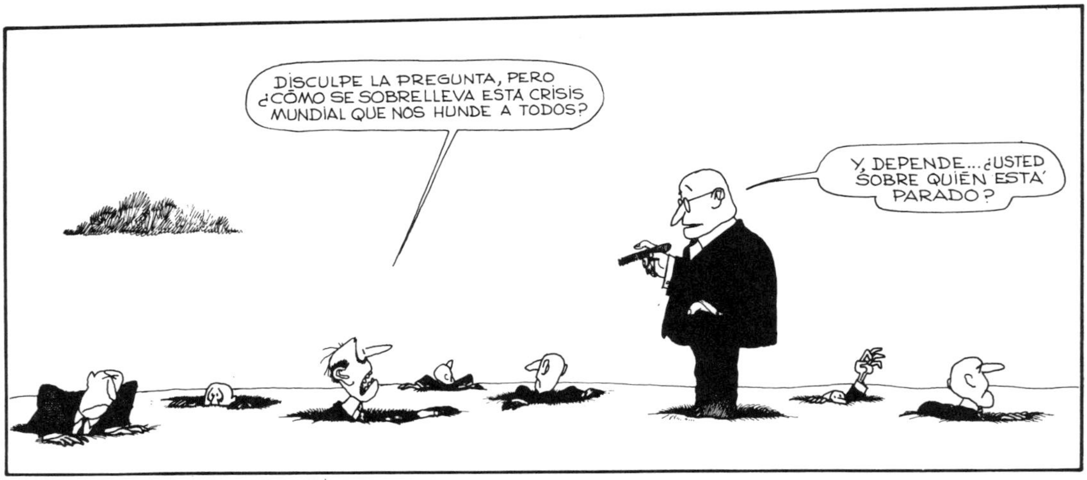
DISCULPE LA PREGUNTA, PERO ¿CÓMO SE SOBRELLEVA ESTA CRISIS MUNDIAL QUE NOS HUNDE A TODOS?
Y, DEPENDE... ¿USTED SOBRE QUIÉN ESTÁ PARADO?

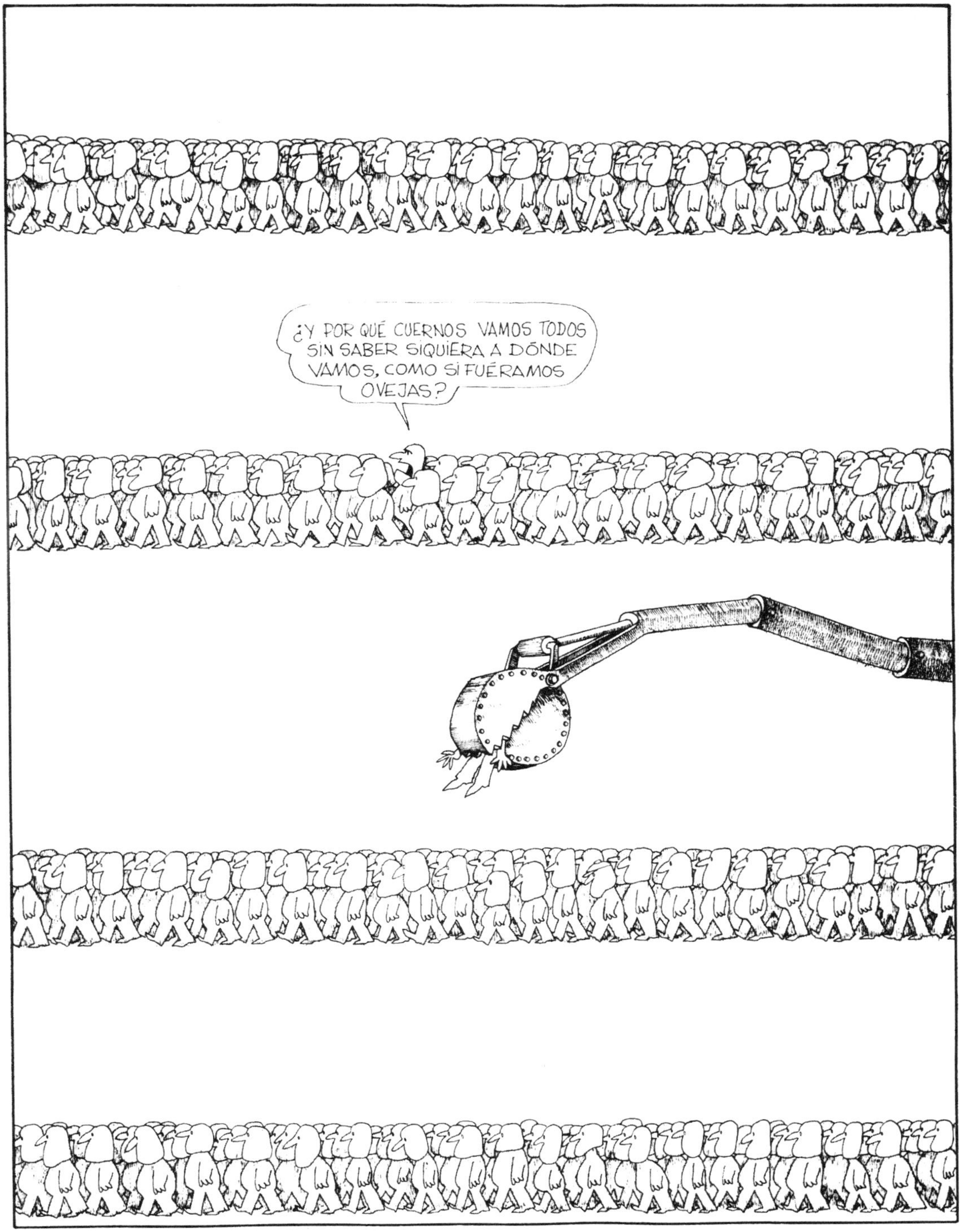
¿Y POR QUÉ CUERNOS VAMOS TODOS SIN SABER SIQUIERA A DÓNDE VAMOS, COMO SI FUÉRAMOS OVEJAS?

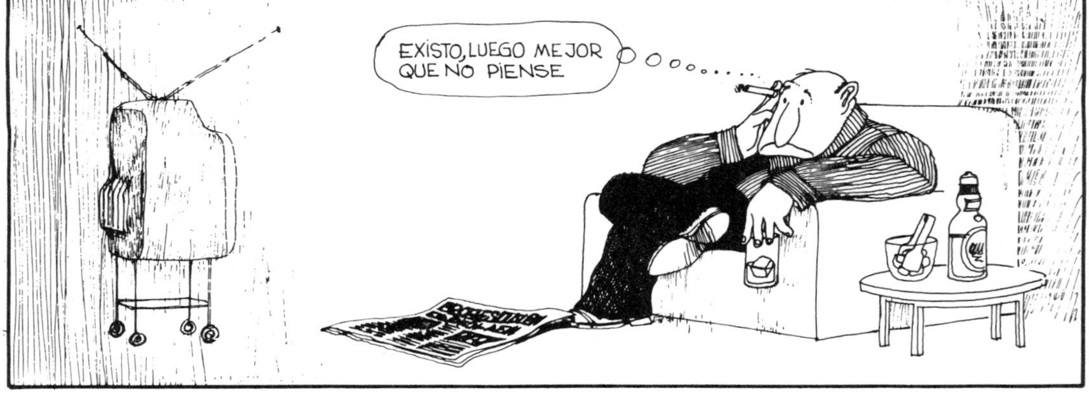
EXISTO, LUEGO MEJOR QUE NO PIENSE

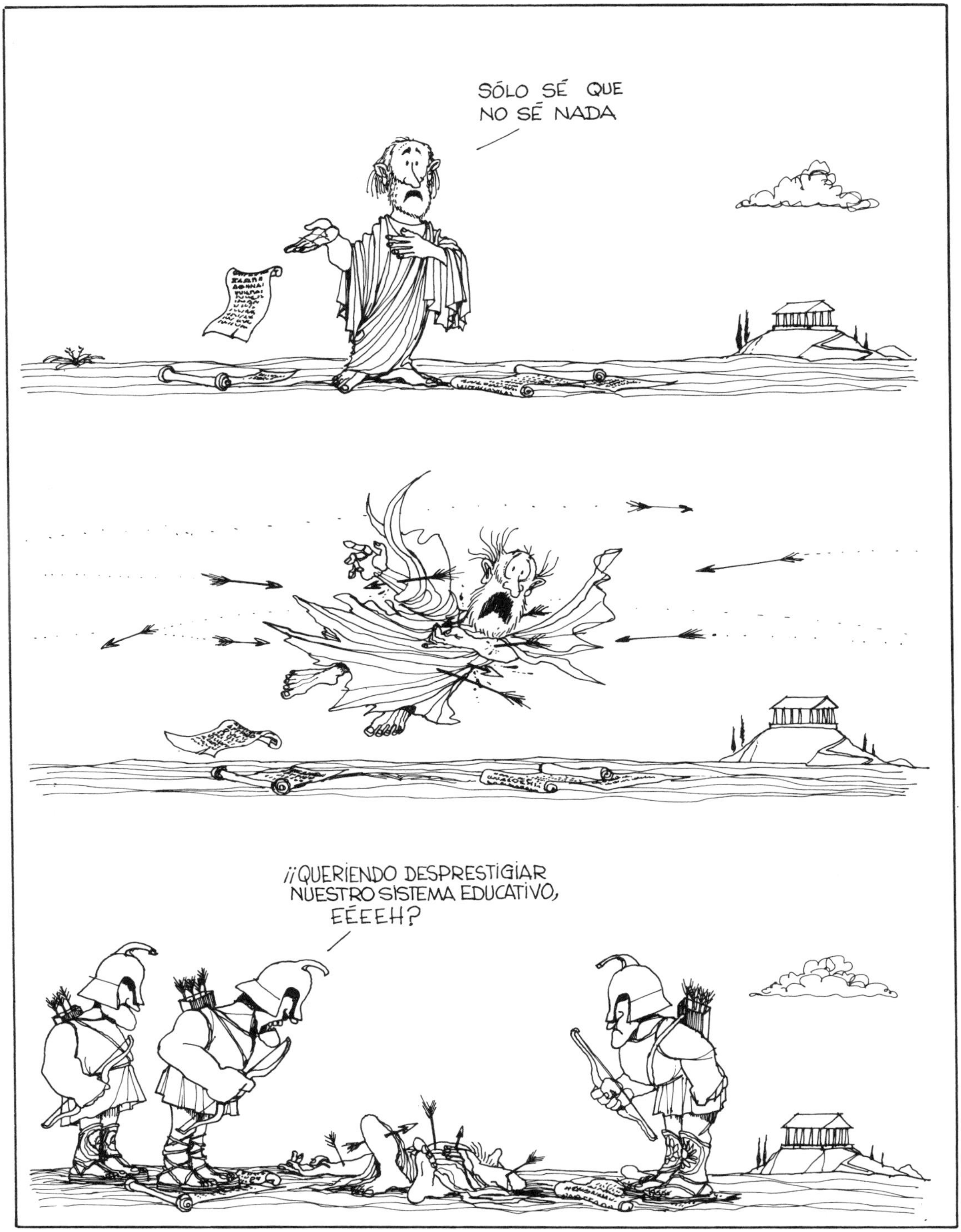
SÓLO SÉ QUE NO SÉ NADA
¡¡QUERIENDO DESPRESTIGIAR NUESTRO SISTEMA EDUCATIVO, EÉEEH?

—ANTE VERSIONES TENDENCIOSAS Y ANTOJADIZAS
QUE PRETENDEN HACERNOS APARECER COMO
DEMOCRÁTICOS.....

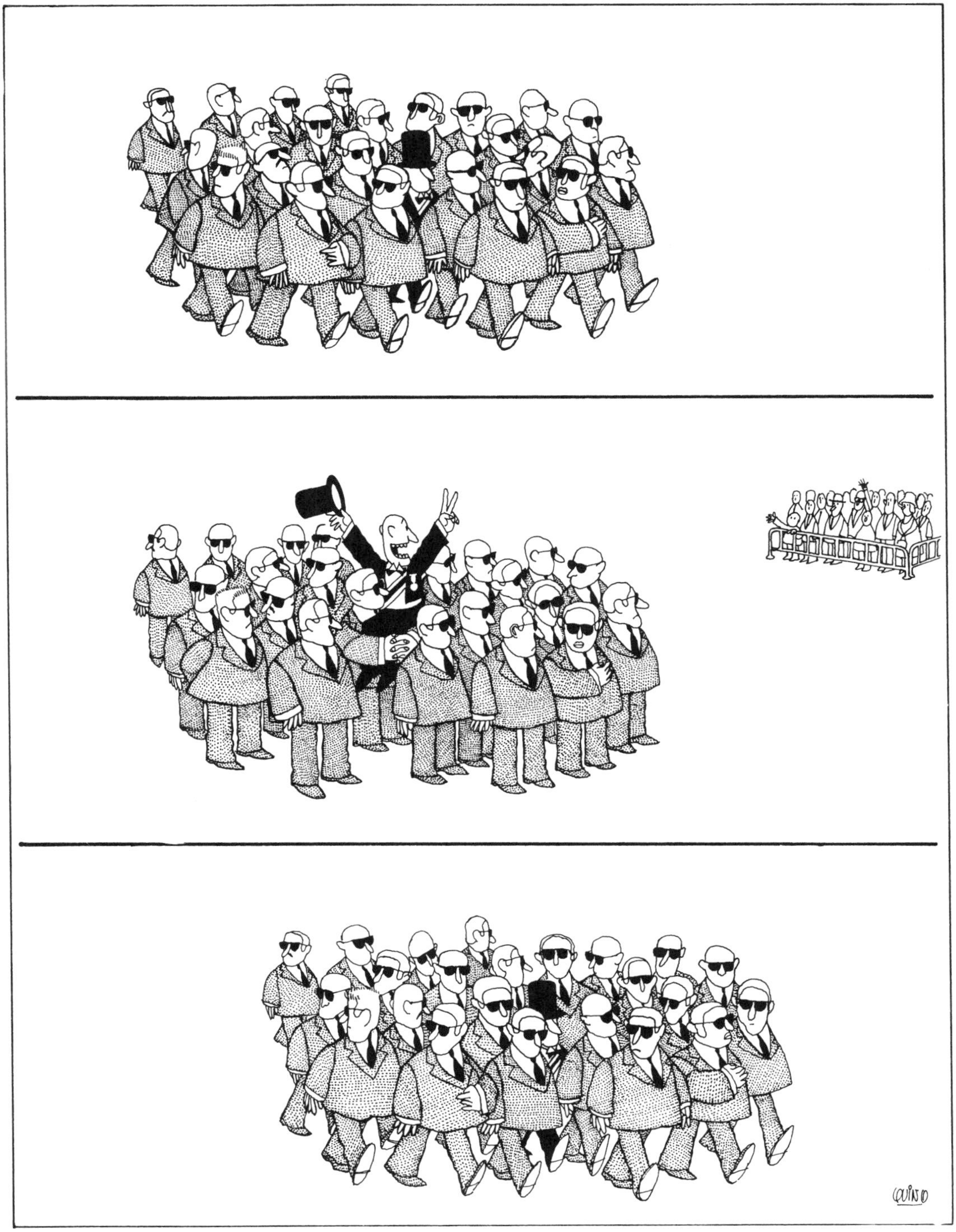
QUINO

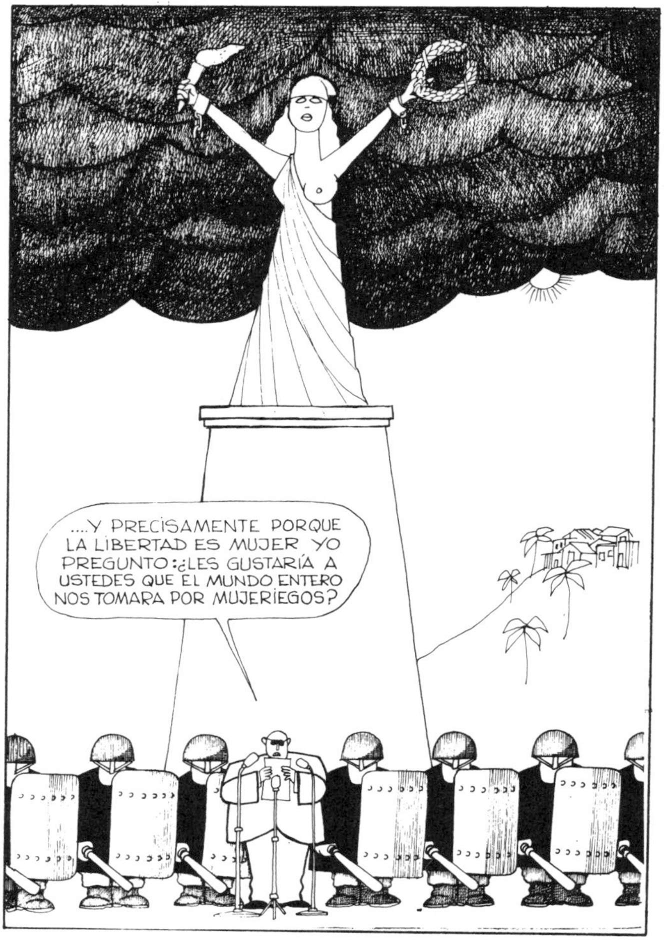
....Y PRECISAMENTE PORQUE LA LIBERTAD ES MUJER YO PREGUNTO: ¿LES GUSTARÍA A USTEDES QUE EL MUNDO ENTERO NOS TOMARA POR MUJERIEGOS?

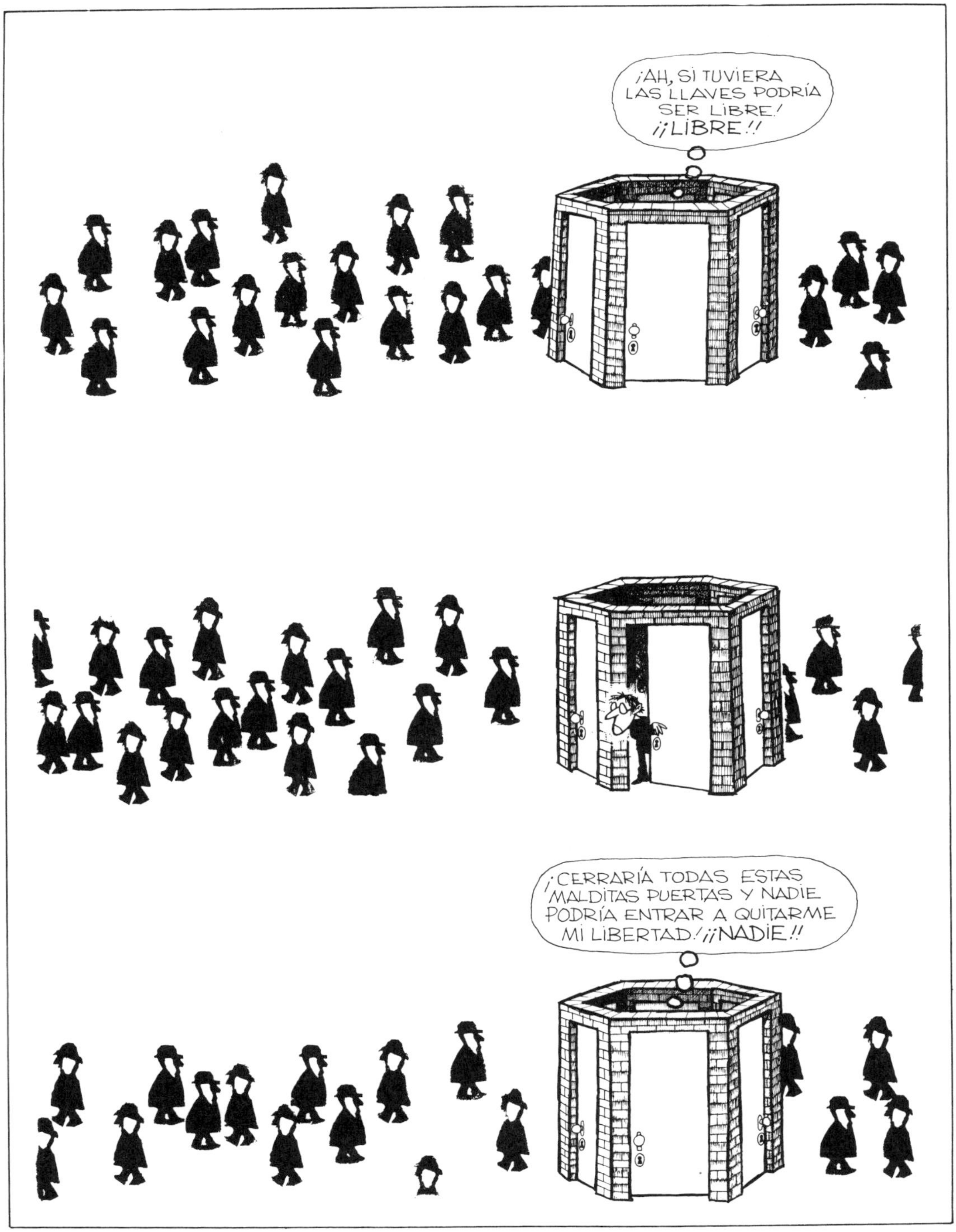
¡AH, SI TUVIERA LAS LLAVES PODRÍA SER LIBRE! ¡¡LIBRE!!
¡CERRARÍA TODAS ESTAS MALDITAS PUERTAS Y NADIE PODRÍA ENTRAR A QUITARME MI LIBERTAD! ¡¡NADIE!!

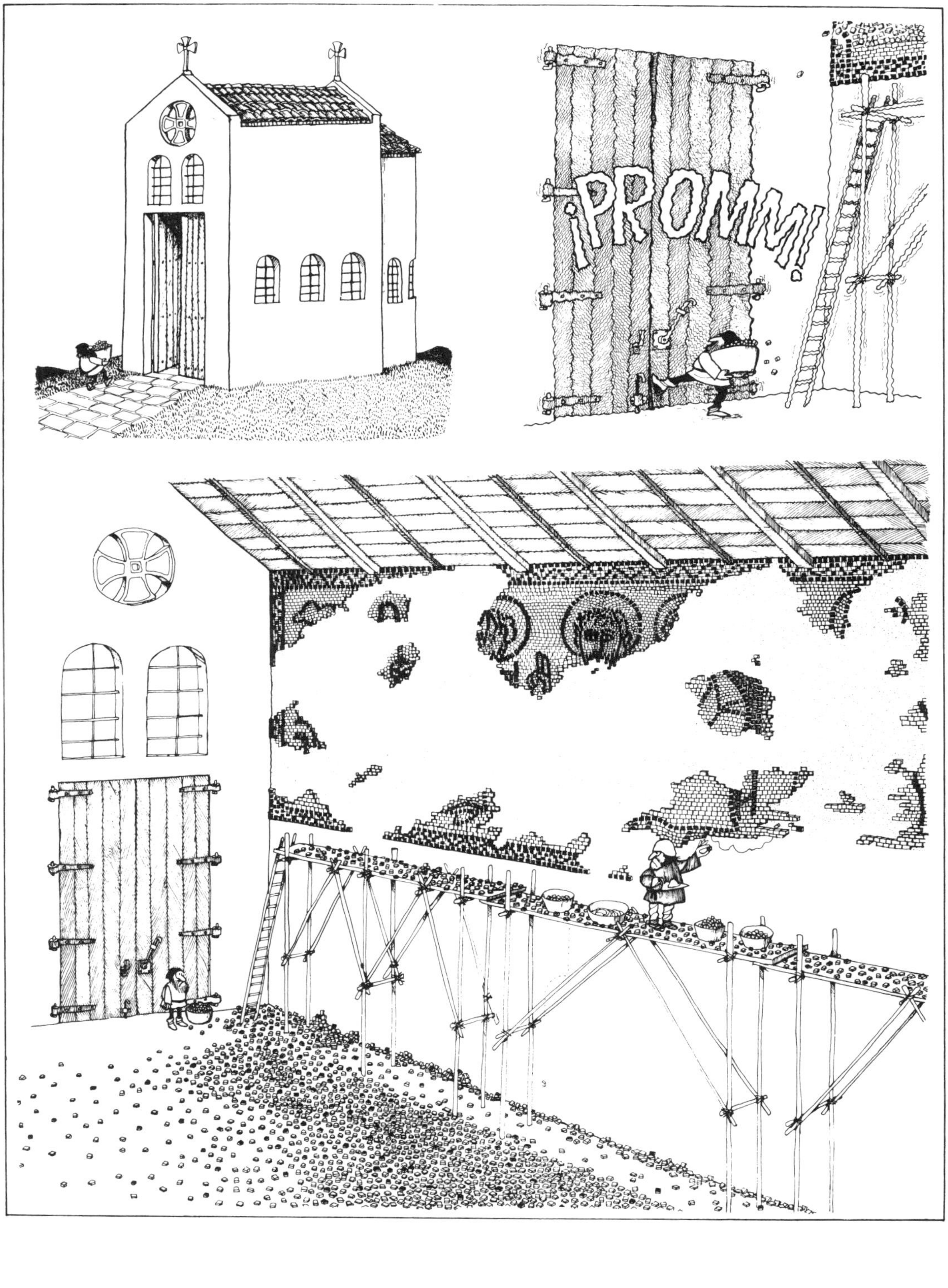
¡PROMM!

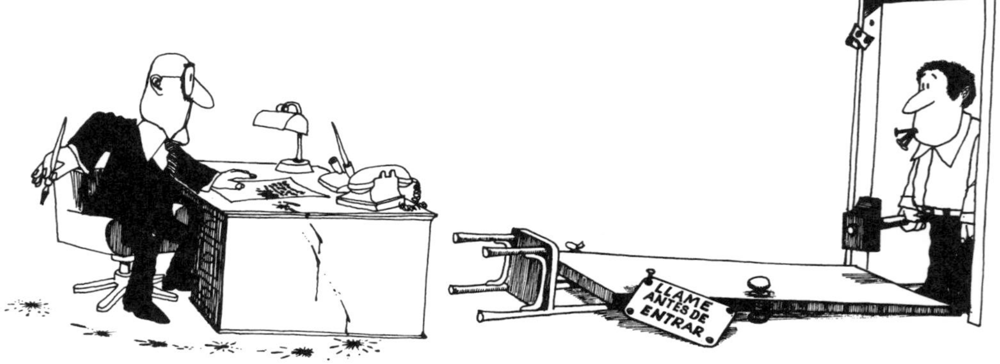
LLAME
ANTES DE
ENTRAR

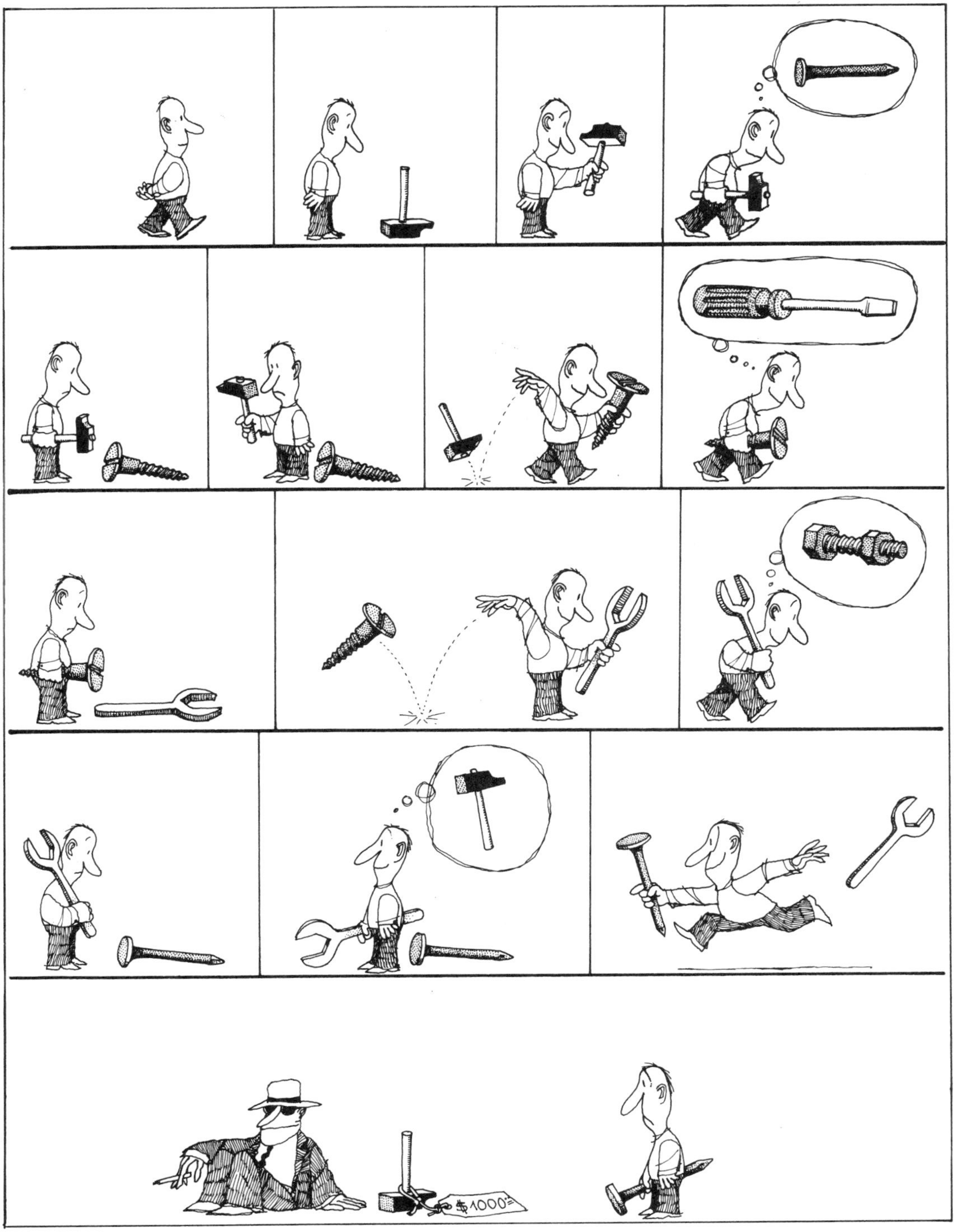
$1000.-

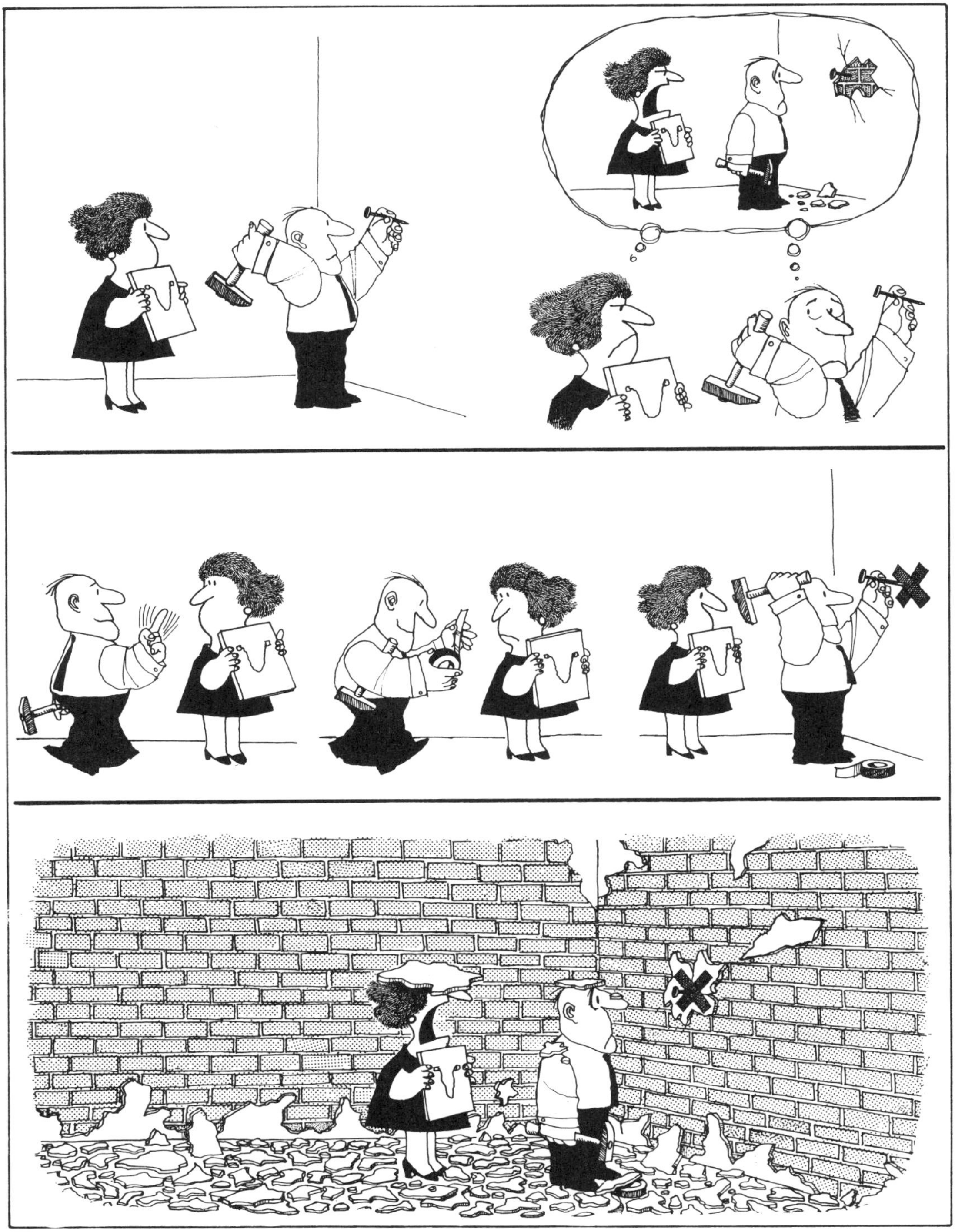

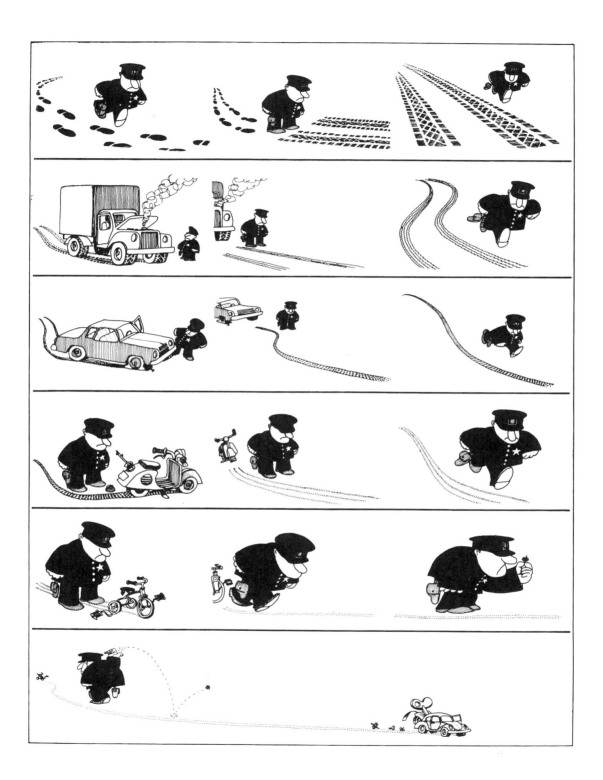

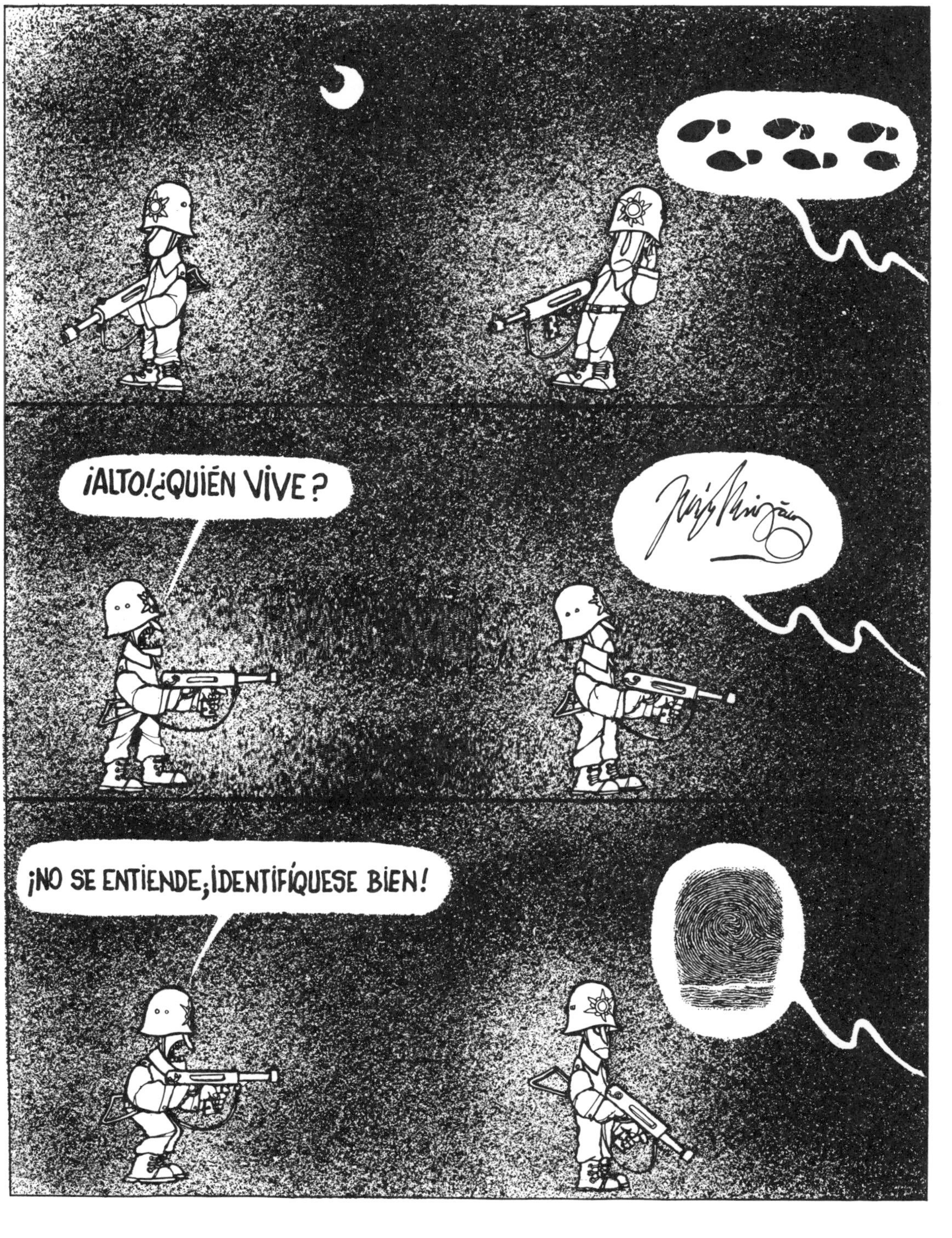
¡ALTO! ¿QUIÉN VIVE?
¡NO SE ENTIENDE; IDENTIFÍQUESE BIEN!

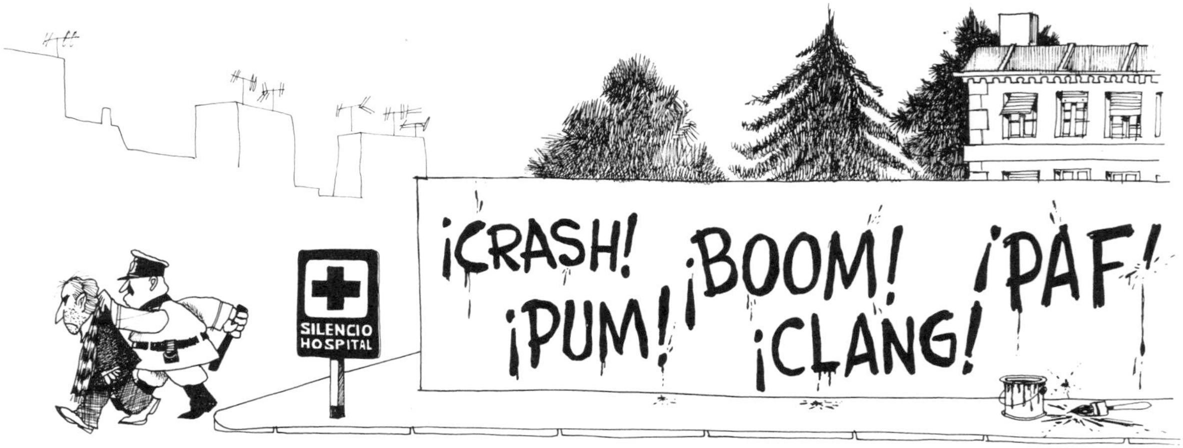
SILENCIO
HOSPITAL
¡CRASH!
¡PUM!
¡BOOM!
¡CLANG!
¡PAF!

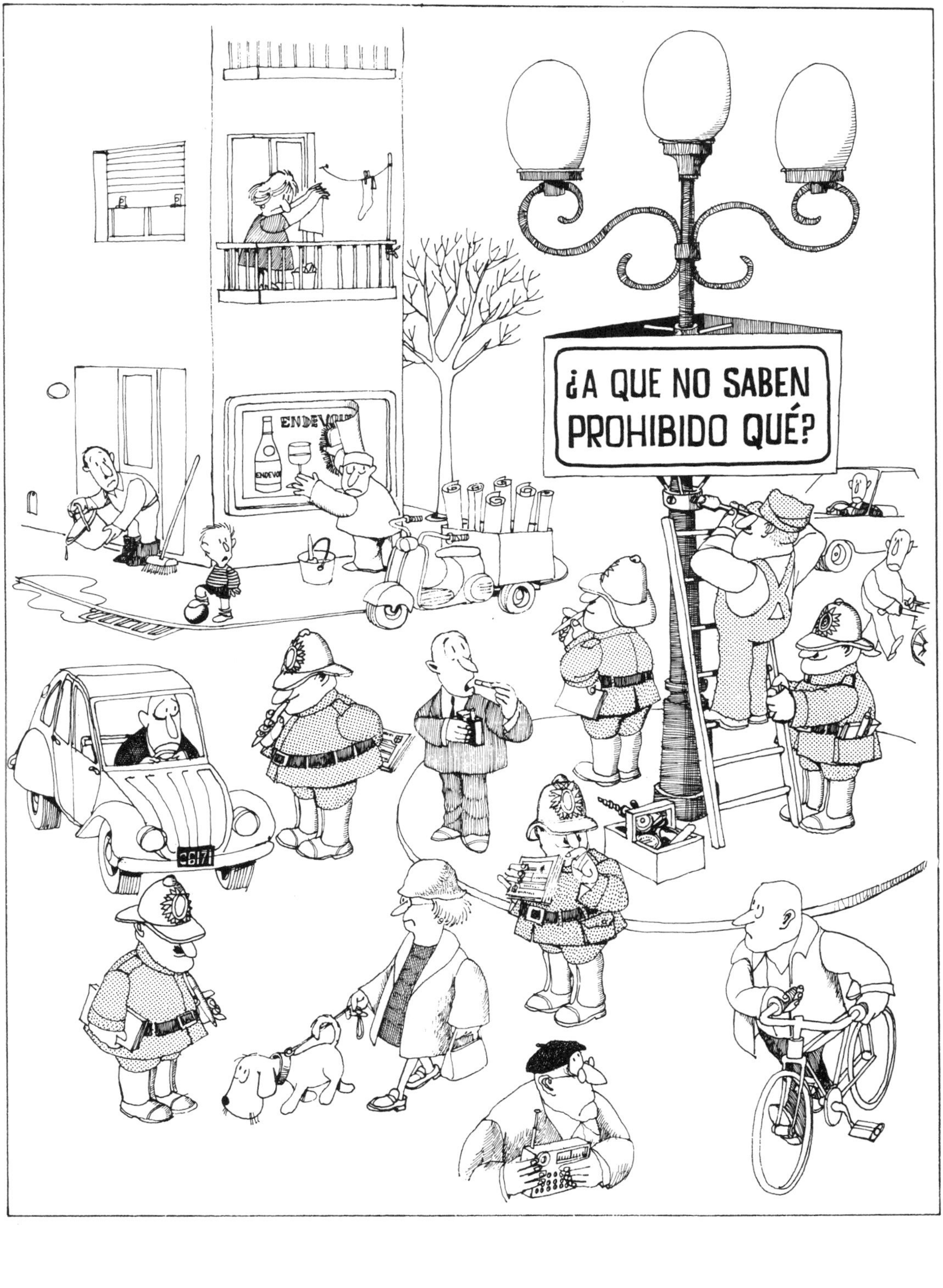
¿A QUE NO SABEN
PROHIBIDO QUÉ?

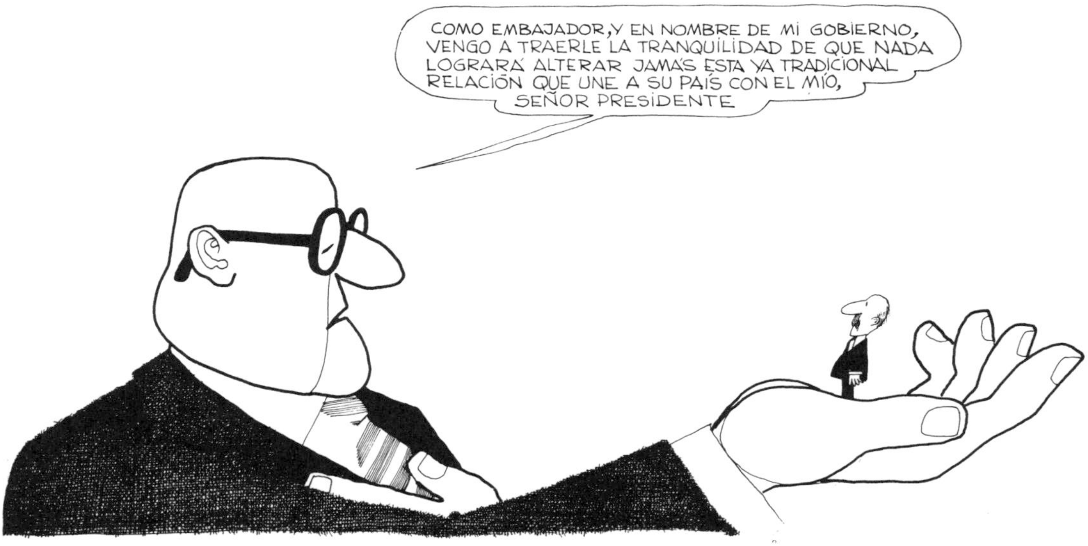
COMO EMBAJADOR, Y EN NOMBRE DE MI GOBIERNO, VENGO A TRAERLE LA TRANQUILIDAD DE QUE NADA LOGRARÁ ALTERAR JAMÁS ESTA YA TRADICIONAL RELACIÓN QUE UNE A SU PAÍS CON EL MÍO, SEÑOR PRESIDENTE

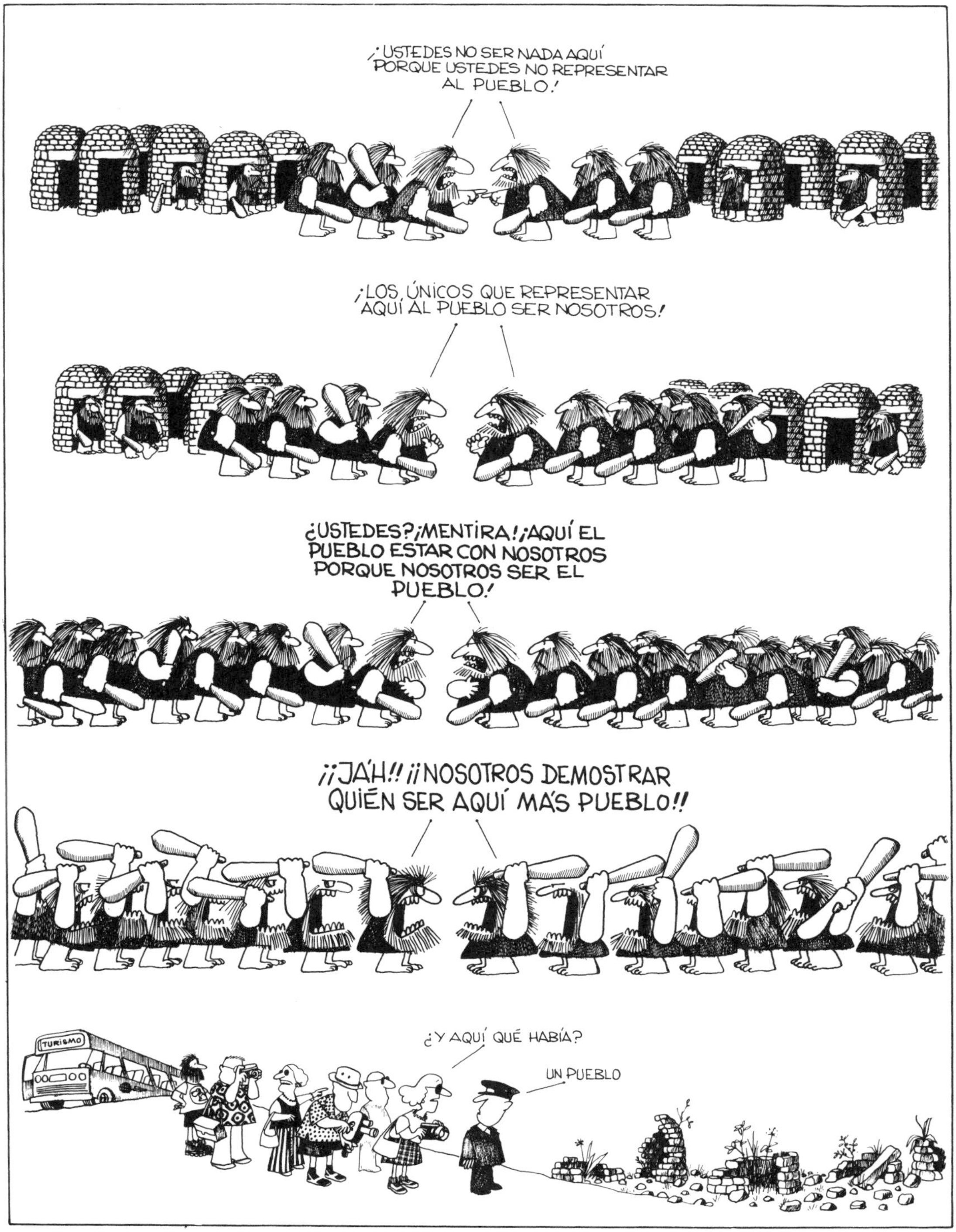
¡USTEDES NO SER NADA AQUÍ PORQUE USTEDES NO REPRESENTAR AL PUEBLO!
¡LOS ÚNICOS QUE REPRESENTAR AQUÍ AL PUEBLO SER NOSOTROS!
¿USTEDES? ¡MENTIRA! ¡AQUÍ EL PUEBLO ESTAR CON NOSOTROS PORQUE NOSOTROS SER EL PUEBLO!
¡¡JÁH!! ¡¡NOSOTROS DEMOSTRAR QUIÉN SER AQUÍ MÁS PUEBLO!!
TURISMO
¿Y AQUÍ QUÉ HABÍA?
UN PUEBLO

Joaquín Lavado, **Quino**, nació el 17 de julio de 1932 en Mendoza, Argentina, en el seno de una familia de emigrantes andaluces. Descubrió su vocación como dibujante a los tres años. En 1954 publica su primera página de chistes en el semanario bonaerense *Esto es*. En 1964, su personaje Mafalda comienza a aparecer con regularidad en el semanario *Primera Plana*. El éxito de sus historietas le brinda la oportunidad de publicar en el diario nacional *El Mundo* y será el detonante del boom editorial que se extenderá por todos los países de lengua castellana. Tras la desaparición de *El Mundo* y un año de ausencia, Mafalda regresa a la prensa gracias al semanario *Siete Días* en 1968, y en 1970 llega a España de la mano de Esther Tusquets y de la editorial Lumen. En 1973 Mafalda y sus amigos se despiden para siempre de sus lectores. Se han instalado esculturas del personaje en Buenos Aires, Oviedo y Mendoza. Lumen ha publicado los once tomos recopilatorios de viñetas de Mafalda, numerados de 0 a 10, y también en un único volumen —*Mafalda. Todas las tiras* (2011)—, así como las viñetas que permanecían inéditas y que integran junto al resto el libro *Todo Mafalda*, publicado con ocasión del cincuenta aniversario del personaje, y las recopilaciones *Mafalda. Femenino singular* (2018), *Mafalda. En esta familia no hay jefes* (2019), *El amor según Mafalda* (2020), *La filosofía de Mafalda* (2021), *Mafalda presidenta* (2022) y *Mafalda para niñas y niños* (2023). También han aparecido en Lumen los libros de viñetas humorísticas del dibujante, entre los que destacan *Mundo Quino* (2008), *Quinoterapia* (2008), *Simplemente Quino* (2016), el volumen recopilatorio *Esto no es todo* (2008) y *Quino inédito* (2023).

Quino ha logrado tener una gran repercusión en todo el mundo, sus libros han sido traducidos a más de veinte lenguas y dialectos (los más recientes son el armenio, el búlgaro, el hebreo, el polaco y el guaraní), y ha sido galardonado con premios tan prestigiosos como el Príncipe de Asturias de Comunicación y Humanidades y el B'nai B'rith de Derechos Humanos. Quino murió en Mendoza el 30 de septiembre de 2020.

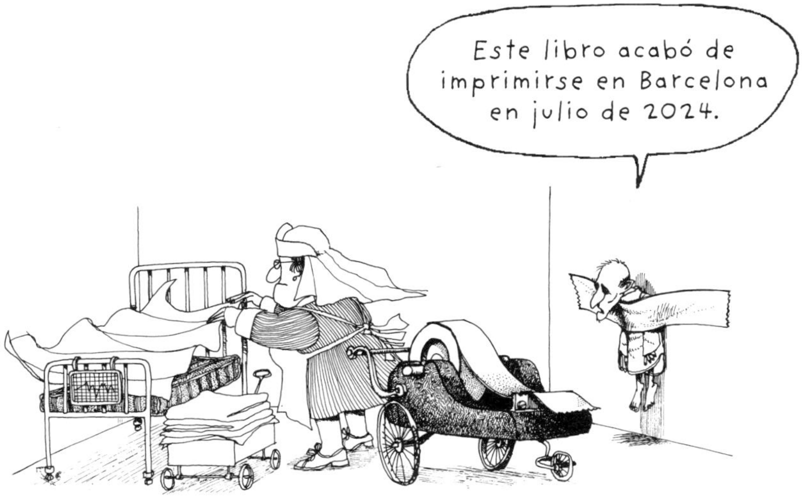
Este libro acabó de imprimirse en Barcelona en julio de 2024.